KB253872

춤으로 드리는 예배

# 잃어버린 춤

홍림의 마음

넓고 붉은 숲이라는 중의적 의미를 닮고 있는 〈홍림〉은, 세상을 향해 그리스도인들이 추구해야할 사유와 그리스도교적 행동양식의 바람직한 길을 모색하고자 노력하고 있습니다. 폭넓은洪 독자층林을 향해 열린 시각으로 이 시대 그리스도인의 역할 고민을 감당하며, 하늘의 소망을 품고 사는 은혜 받은 '붉은 무리'紅林:홍림로서의 숲을 조성하는데 〈홍림〉이 독자 여러분과 함께하고자 합니다.

지은이 캐롤린 데터링
옮긴이 이명경

The liturgy as dance and the liturgical dancer
by Carolyn Deitering
Copyright © Carolyn Deitering, 1984
All rights reserved.
Korean Translation Copyright © Myung Kyung Lee, 2013

1판 1쇄 인쇄 2013년 8월 20일
1판 1쇄 발행 2013년 8월 25일

펴낸곳 홍　림
펴낸이 김은주

등 록 제312-2007-000044호
주 소 서울특별시 강서구 화곡동 24-117 한아오피스텔 B02
전자우편 hongrimpub@gmail.com
전 화 02-6497-2612
팩 스 02-6085-2613
인 쇄 예원프린팅

값은 표지에 있습니다.

ISBN 978-89-966190-9-3 (03230)

춤으로 드리는 예배

# 잃어버린 춤

The liturgy as dance and the liturgical dancer

캐롤린 데터링 지음 | 이명경 옮김

홍림

# 일러두기

1. 이 책의 원서는 『The liturgy as dance and the liturgical dancer』이며 '춤으로 드리는 예배-잃어버린 춤'은 의역한 제목이다.
2. 책에 인용된 성경은 개역개정을 원칙으로 하되, 문맥에 맞게 절충하였다.
3. 원서의 주는 참고문헌으로 본문 맨 뒤에 편집 처리하였다.
4. 인명 표기는 '외래어 표기법'을 따르되, 관용적으로 쓰는 이름과 크게 동떨어진 경우 절충하여 실용적 표기를 따랐다.
5. 본문에 소개된 책은 옮긴이가 임의로 번역한 제목을 앞에, 원서 제목을 뒤에 이텔릭체로 표기하였으며, 『 』로 묶었고, 예배춤의 작품명은 〈 〉로 묶었다.

# 옮긴이 이야기

2003년 초벌 번역을 마치고 묻어 두었던 '춤으로 드리는 예배, 잃어버린 춤'을 10년이 지난 오늘 새삼 꺼내어 보니, 먼지가 뽀얗게 앉은 표지에서 풍겨나는 내음이 마치 내 할머니의 향취 같이 느껴진다.

어느덧 60살의 내가 5살이었던 나를 마음에 품고, 어린 시절 성서구절을 전래동화 같이 몸과 마음에 담아주셨던 할머니를 기억하며, 이야기의 씨줄과 날줄을 엮어 보고자 한다.

할머니의 풍성한 성서 이야기 가운데 '롯의 아내'를 들으면서 나는, 그 아내가 산 아래를 돌아보는 순간 그녀의 쪽진 머리서부터 흰 무명 한복 어깨 능선을 좇아 풍성한 치마가 둥그스레 소금 기둥으로 변해가고, 이어 소금 기둥이 그 여인의 가느다란 눈물줄기를 따라 조금씩 녹아내리며 흘러 바다를 이루어가는 장광을 그리면서 두려움과 더불어 알 수없는 '움직임'의 신비로 '몸'을 떨었던 기억이 어슴푸레 하다.
또한 어린 시절 할머니로부터, "성례전적 삶이란, 생명 있는
모든 것들을 적극적이고 구체적으로 사랑하는 삶"이라는 것
을 보고 듣고 배우며 자라왔는데, 어느 날 훌쩍 커버린 나를
직면하니, 이미도 열려있던 '몸'의 언어들까지 경직된 채 인
간언어와 의식이라는 틀 안에 제한되어, 이원론적이고 위
계적인 의례를 수행하고 있음을 보게 되었다. 종교현상의
핵심인 종교경험을 표현하고 그 종교경험을 삶 속에서 지
속하고 강화시키는 통로의 역할을 하는 것이 종교의례일진
대….

이에 새로운 예배언어의 하나로 영혼을 드러내는 성사,
곧 '몸'을 통해 드리는 산제사를 모색함이 시대적으로 당면
한 과제라 여기며, 움직임의 은사를 통해 내 자신이 예배무
용가로서 빚어내었던 예배춤들을 새롭게 점검하게 되었다.
또한, 동역했던 예배무용가들의 삶과 사역을 성찰하는 가
운데 그 유의미성을 모든 구도자들과 더불어 나누고 싶은
속내의 간절함을 외면할 수 없어 '춤으로 드리는 예배, 잃어
버린 춤'을 다시금 펼치게 되었다.

예배 갱신을 화두삼아 대안적 예배유형들이 요구되는 이
즈음, 묶여있는 전통적 구습으로부터 자유함을 얻어, 보다

축제적이고 참여적인 예배를 드리고 각 나라와 민족이 가지고 있는 고유한 것들을 진지하게 수용하며, 지구적 생태위기 등의 문제들을 고민하면서 사회적 약자들과 구체적으로 연대할 수 있는 길을 모색하는 실천적 구도자들과 피차 갈한 목을 축이고 싶다. 예배는 끊임없이 변화하는 역동성을 가지고 있으며, 예배의 대상인 하나님의 깊음은 단순한 언어만으로는 경험할 수 없는 신비이기에 '찰라의 상징성'이 회복되어야 하고, 다양한 창조적 예배 언어는 날마다 새롭게 씌어져야 함이 마땅하다. 궁극적으로는, 신학과 신앙이 어우러져서 진정성을 가진 예배로 하나님과 소통하면서, 오고가는 모든 이들을 끌어안고 하나님의 눈으로 바라 본 뭇 생명과 하나 되어 삶과 상황과의 엮임 가운데 새로운 의미를 만들어 가며 모든 것들과 한 바탕 춤출 수 있는 가능성을 기대해 본다.

신학에서 '몸'은 매우 포괄적이면서 중요한 담론이며, 그리스도의 성육신은 '몸'의 구원을 위한 '몸'의 현현이고, '몸을 통한 영성'을 깨닫는데 소중한 화두이다.

예수는 그의 손으로 병든 자를 만지셨고, 사랑하는 아이들을 그의 품에 안으셨으며, 그의 손으로 제자들의 발을 친히 씻기시고 떡을 떼어 주셨다. 그리고 결국에는 그 자신의 몸을 내어주는 성례전적 삶을 사셨다. 그러기에, 예수의 제자된 우리는 그리스도의 몸에 참여함으로써 구체적으로 이 세상에서 돌보고 섬기고 나누는 성사를 이루어가며 그리스도의 삶을 몸으로 살아내야 하는 것이다.

그런데 어느 때 부터인가 우리는, 몸과 영 그리고 자연과 인간 그리고 여성과 남성의 관계에 있어서, 영<sup>이성, 정신</sup>과 관련하여 '몸'은 남성에 대한 여성이며 인간에 대한 자연이라는 이항 대립적 사고로 고정관념을 갖게 되었고, 그러다 보니 자연스럽게 '몸과 자연과 여성'은 '영<sup>이성, 정신</sup>과 인간과 남성'과의 관계 속에서 열등한 존재로 자리매김하면서 가치절하 되어 왔다. 이러한 사고의 요인을 살펴보면, '몸'을 '경험으로서의 정신'으로 여기지 못하고 생명 있는 모든 것들을 유기적 관계로 포용하지 못한 채 '몸'과 '영'을 분리시켜 온 기독교의 보편적 사고가 그 원인 중 하나라는 생각을 떨칠 수가 없다.

이에 대해 '춤으로 드리는 예배 잃어버린 춤'의 지은이 캐롤린은, '인간의 전인성은 하나님이 주신 거룩한 선물이다. 그것을 어디에서 잃어버렸든 간에 인간의 전인성을 되찾는 일은 교회에 있어 필수적이다. 교회가 바로, 하나님께서 인간의 몸으로 오셨다는 것을 가르치는 곳이기 때문이다' 라고 말한다.

여선지자 미리암과 여인들이 소고 치며 춤추면서 전쟁을 승리로 이끈 하나님을 찬양할 때, 그 곳의 모든 이들은 평화의 북소리를 들으며 바라보며 보이지 않는 하나님을 예배했다. 그리고 모든 이스라엘 사람들이 기쁨의 함성을 지르고 나팔을 불며 여호와의 궤를 메어 올 때 모시 에봇을 입은 다윗은 여호와 앞에서 힘껏 춤을 추었다.

또한 베다니 마리아가, 지극히 비싸고 순전한 향유를 가지고 방안으로 들어와서 살포시 예수의 발 앞에 앉아 그 향유의 뚜껑을 열고 그 머리카락을 풀어 낼 때, 방 안의 모든 이들은 그 여인을 바라보았고, 향유 붓는 소리를 들으면서 방 안 가득한 향내를 맡았으며, 그 가득한 향내는 바깥에 있던 이들에게도 나누어져서 그들을 동일한 경험으로 이끌었을 것이다.

온 생명 가운데서 하나님 '몸'과 더불어 보고 듣고 맡고 맛보고 만지면서 살아있는 모든 것에 관심하고, 온 생명 가운데서 하나님 '몸'과 더불어 그 생명을 품고 낳고 안으면서 온 우주 생명의 역동적 '하나 됨'과 '어우러짐'을 이루어가는 예배적 삶…. 바로 '나'로부터임이다.

# 차 례

# 여는 마당
## Preface

**이 책의** 제목을 지금과 같이 정함에 있어서 나는 조금도 망설이지 않았다. 물론 이 제목이, 예배와 춤의 관계에 대하여 예상하지 못했던 오해들을 불러 일으킬 위험성이 있다고 본다. 하지만 다른 제목들을 구상해 보는 동안, 그리스도교 예배의 아름다움과 온전함 그리고 예술성 추구 등을 함축적으로 표현함에 있어서 이 제목 이상의 것을 찾을 수 없었다. 이 제목이야말로 이 책이 말하고자 하는 바를 유일하게 대변한다는 생각 때문에 많은 고민 끝에 다시 원점으로 돌아오게 되었다.

이 책은 몸의 움직임, 곧 몸짓의 예술에 관한 기록이다. 성례서의 예배법규에 따라 움직이는 예배 인도자의 온전하고 은혜로운 몸짓, 그리고 기원을 가득 담은 회중의 몸짓, 나아가 예전이라는 천을 짜는 한 올의 실과 같이 최상의 예배춤이라는 본연의 임무를 수행하는 훈련된 예배무용가의 사역에 관한 것이다.

나는 춤으로 드리는 예배를 전제하고, 투명한 도구servant 중 하나라 할 수 있는 바로 그 춤 속에서 춤 예술가의 역할을 규정하는 일에 조금도 주저함이 없다. 많은 그리스도인들은 성서를 표현하려는 몸짓과 춤으로 인해 혹여 예배가 어수선해지지 않을까 궁금해 할 것이다. 또한 명료함과 아름다움이 깃든 몸짓으로 예배를 인도해 온 성직자들은, '그들이 춤추고 있다'는 나의 주장에 의아해 할 것이다. 나아가 쇼와 스타를 우대하는 세속적인 세상에 영향 받은 그리스도교 무용가들조차, '투명한 도구'의 역할로 자신들을 규정하는 나의 개념 정의에 대해 의아해 할 지 모른다. 하지만 그것이 내가 보여주고자 하는 비전이다. 그리고 확실히 말하건대, 나의 이 비전은 예배와 춤 분야에서 수십 년 동안 헌신해 온 나의 기도와 사역을 통해 형성된 것이다.

예배무용가를 위한 이 책 '춤으로 드리는 예배–잃어버린 춤'은 세례자 요한의 영성과 그의 도움 아래서 만들어졌다. 그의 시작은 모친인 엘리사벳의 자궁 안에서 성스러운 기쁨의 도약으로 신호를 보내는 것이었고, 그의 마지막 또한 확실히 또 다른 춤의 형태와 결합되었기 때문이다. 그리하여 요한은 이 책의 비전을 제공해 주었을 뿐만 아니라 지탱하게 해 주었다.  그 중에서 이 책이 다루고 있는 예술분야에 도전하도록 한 것은 바로 요한복음 3장에 나오는 그의 증언이다.


"그는 흥하여야 하겠고 나는 쇠하여야 하리라. 요3:30"

 잃어버린 춤

# _ 첫째 마당

# 그리스도교 예배와 움직임

# 1장
# 춤
## The Dance

**나는** 아이였을 때, 사물의 움직임을 통해 하나님에 대해 생각하고 경험하였다. 집 앞마당의 자작나무 잎의 녹색 면에서 은색 면이 번갈아 팔랑거리며 움직이는 순간, 그 움직임을 바라볼 수 있도록 내 눈을 열어주신 분은 바로 하나님이셨다. 할아버지께서 캔버스에 그림을 그리시는 동안 그 곁에 앉아 있었던 뉴잉글랜드 해안가에서는 파도치는 소리에 귀를 열게 하셨고, 어느 여름날 활짝 열린 창가에서 낮잠을 청하는 동안 내 얼굴과 팔 다리를 간지럽게 하던 따뜻한 미풍의 감촉을 느끼도록 해 주신 분 또한 하나님이셨다. 내가 보도를 따라 가장 빠른 속도로 스쿠터

를 몰았을 때, 뒷마당에서 그네를 가장 높이 띄웠을 때, 나
홀로 거실이나 빗속에서 춤을 출 때, 뉴욕 북부지방에 있던
작은 연습실에서 춤 수업을 들었을 때, 그 때마다 내 안에서
움직이셨던 분은 바로 하나님이셨다. 눈이 내린 늦은 밤,
모든 것이 고요 속에 잠겨있는 가운데, 내 안에 분명했던 것
은 하나님의 존재였다.

어린 시절 교회에 가면, 나는 무언가를 위해 아주 긴 시간
동안 자리에 앉아 있어야 했고 아주 많은 말씀을 들었던 것
같다. 이따금 나는 찬송가를 부르기 위해 일어서기도 했지
만, 대부분의 시간은 그저 앉아서 듣기만 했다. 나는 나를
포함해 이 세상의 모든 것을 만드신 하나님을 향한 예배가,
왜 춤추고 구르고 굽히고 뒤집고 하는 등의 움직임을 포함
하지 않는지 궁금했다. 그래도 나는 하나님을 사랑했으며,
교회가 하나님의 집이라는 사실을 알고 있었기 때문에, 앉
아서 듣는 것이 하나님의 집에 적합한 것이라면 그것으로
족하다고 생각했었다.

성장하여 대학에 들어간 후, 나는 하나님에 관해 공부하
게 되었다. 그리고 그 공부를 통해, '움직임의 하나님'이시
라는 나의 생각에 대해 확신을 갖게 되었다. 태초에, 움직
이는 모든 것의 원인이셨던 하나님의 영은 대지의 표면 위

를 운행하셨다. 구약성서를 보면, 하나님께서는 당신의 백성들이 움직임으로 하나님을 예배하도록 초대하셨다. 그에 따라 예배자들은, 박수치고 소리치며 기도하는 가운데 손을 들고 성전으로 줄을 지어 들어가서, 기쁨으로 걷기도 하고 뛰기도 하며 춤을 추곤 하였다. 역사 속에서 하나님께서는 당신이 창조하신 피조물들을 사랑하셨고, 당신 스스로 피조물인 인간의 모습으로 이 땅에 오셔서 자연스럽고 자유롭게 숨 쉬며 움직이셨다. 나는 주후 5세기까지 예수님을 따르는 이들이 예배자들에게, '생명 있는 모든 것을 들어올려' 하나님의 영광을 위해 춤추도록 권고했으며, 이것이 믿음과 은총이 결합된 예배로 발전하였음을 알게 되었다.[1]

대학을 졸업하고, 어느 날 나는 한 교회를 발견했다. 매시간 훌륭한 예배춤을 통해, 성직자와 교인들 모두 머리를 숙이고, 무릎을 꿇고, 엎드리며, 절실한 기도제목을 외치기도 하고, 또한 줄지어 걸으며 예배를 드리는 교회였다. 나아가 예수님의 십자가 은혜로 구원을 얻었다는 감격을 몸으로 표현하기도 했고, 때로는 조용히 숨도 쉬지 않은 채 무릎을 꿇고 기도하기도 했다. 나는 저들의 거룩한 몸짓 안에서 내가 찾던 나의 길을 발견했고, 이후 나의 사역을 준비해 나갔다.

 잃어버린 춤

　그 후 15년이 지나는 동안 교회들은 변화하고 성장하였으며, 나 또한 그러하였다. 학자들과 예배연구가들은 정제된 본질과 근본적 형식을 가지고 예배를 드리고자 하였다. 반복을 통해 축적된 형식들과 장식 이상의 의미를 갖지 못하는 관습의 부분은 거의 없어졌다. 이러한 예배적 환경 속에서 춤 예술가로서의 나는, 단지 예배춤의 정제된 본질distilled essence과 근본적 형식primary forms에 있어서만 지속적으로 예술적 발견 및 표현을 하도록 도전 받았다. 그것은 교회예술가로서 흥미진진한 경험이 되었다.

　하지만 한 가지 걱정스러운 점도 없지 않았다. 우리가 예배에 대하여 더 많은 지식을 알게 되면서, 예배로부터 비합리적인 경험 전체를 없애려고 시도하는 것이 아닌가 하는 우려였다. 왜냐하면, 과거에는 우리가 '무엇을' 혹은 '왜 하는가'에 대해 충분히 생각하지 않은 가운데 잘못을 저질렀을 수도 있고, 또한 현재에는 지적으로 이해되거나 설명될 수 없는 것에 대해 두려움을 갖고 있기 때문이다. '충만하고도 의식적인 행위를 통한 참여'[2]에 자극을 받았지만, 대부분 구술적이고 청각적인 참여에 국한된 것이었다. "사람들이 행동과 몸짓, 그리고 몸가짐뿐만 아니라 회중의 환호와 응답, 시편찬양, 교송, 성가부르기로 참여하도록 독려 되어

야 한다"고 규정한 『거룩한 예배에 관한 헌장』의 30 항은 단
지 절반만 시행되었다. 찬양은 '안'에 있었지만, 본래적 의
미의 뜻 깊은 경배는 '밖'으로 밀려났다. 회중은 힘 있게 말
하고 크게 찬양하도록 독려 받았지만, 어느 한 사람도 십자
가의 의미가 몸으로 명료하게 표현되었는지에 대해서는 상
관하지 않는 것 같다. 그 결과 몇몇 교회들은 실행 가능한
예배 수단으로서 춤의 가능성에 대해 개방적임에도 불구하
고, 예전으로서의 춤은 사라질 위험에 처하게 되었다!

　예배무용가를 위한 '춤으로 드리는 예배-잃어버린 춤'은, 바로 사
라질 위기에 처한 그 '춤'을 위해 준비되었다. 이 책은, 예배
의 자리에 나아온 사람들과 함께 관계 맺고 연합하기 위해,
예전적 움직임의 언어를 발전시키고자 하는 목회자들과 성
직자들을 위해 만들어졌다.[3] 이 책은 또한, '비상한 민감성'
[4]을 가진 기도자들의 '일반적인 몸짓이나 움직임과 태도' 를
기꺼이 수용하고자 하는 일반 회중을 위한 것이기도 하다.
특별히 이 책은, 하나님께 영광을 돌리며 '전체적 예배행위
를 풍요롭게'[5] 하기 위해, '진실하고도 적합한' 예술적 기교
를 빚어내고자 노력하는 그리스도교 예배무용가들을 위해
펴 내는 것이다.

　이제 나 자신을 독자들에게 소개하는 것이 마땅하리라고

 잃어버린 춤

생각된다. 우선 나는, 그리스도인으로서의 삶[6]의 원천이자 정점이며, 그리스도교 예술이 가장 심오하게 육화된 형태라 할 수 있는 예배를 사모하는 사람이다. 또한 나는, 예배 무용가이자 흙으로 모형을 만드는 조각가나 소리를 조율하는 음악가와 같이, 움직임의 모양을 만드는 예술가이기도 하다. 나는 말씀과 성례전 가운데, 그리고 일상의 고단함 가운데 만나게 되는, 내적이며 보이지 않는 하나님의 실재를 외적으로 감지할 수 있도록 움직임의 형태를 만들고 있다. 나는 교구의 전임 예배담당자로서 일을 하였기 때문에, 예배규정에 명시되지는 않았지만, 모든 말하는 것과 보는 것, 듣는 것, 냄새 맡는 것, 맛보는 것 그리고 움직이는 것에 대해 책임을 맡아 왔다. 그래서, 예배경험을 통해 예배 회중 전체는 물론 개인의 전인적인 '충만하고도 의식적이며 행동을 통한 참여'에 대한 교회의 소망에 대해 잘 알고 있다. 또한 나는, 몸의 움직임이라는 것이 의사소통과 자기 표현에 있어서 인간이 사용할 수 있는 가장 기본적인 언어이며, 인간이 태어나기 전인 모태에서부터 죽음의 순간까지 지속적으로 사용할 수 있는 언어임을 알게 되었다. 나아가 몸의 움직임은 예배 안의 기도 행위 속에서 한 인간을 전인적으로 통합해낼 수 있는 힘을 갖고 있다는 사실도 알게 되었다.

이것이 바로 에벌린 언더힐<sup>Evelyn Underhill</sup>이 말했던, "하나님께 그리고 하나님과의 소통을 위해 교회가 스스로 표현하는 예술의 형태"로서 말과 노래가 결합된 움직임의 언어이다. 때문에 이 글에서 춤 못지않게 다루게 될 내용은, 바로 말과 행동 그리고 몸의 움직임과 소리에 관한 것임을 미리 밝혀 둔다.

# 2장

# 의례와 창조적 아름다움
## Ritual and Creative Beauty

예배<sup>worship</sup>는 하나의 순수예술이다. 어떠한 예술이든지 거기에는 사랑이 관련되어 있고 그래서 고통이 뒤따른다. 이러한 양면성 때문에 우리가 수준 있는 삶을 예술적 삶이라고 부르며, 고급한 사랑을 예술적 사랑이라고 부르고, 품격 있는 기도를 예술적 기도라고 하며, 무언가의 품격을 무언가의 예술성이라고 부르게 되는 것이 아닐까?[1]

예전적 예배<sup>liturgical worship</sup>를 예술이라고 부르는 이유는, 그것을 하나님에 의한 것이 아닌 인간적인 행위라고 규정해서가 아니다. 이것은 또한, 성직자나 예배를 드리는 사람들이 기도 그 자체보다 자신들의 기도를 외적으로 표현하는 것에 관심을 갖는다는 말도 아니다. 하나님의 행하심이나, 그리스도인의 개인적 혹은 공동체적 행동의 외적 양식이나 내적 진실에 관해서는 의문의 여지가 없다. 성례전의 본질을, 내면의 보이지 않는 실재를 눈에 보이는 기호로 만들어 이해하는 것은, 감각을 넘어선 직관으로부터 지각할 수 있는 감각을 분리해 내고자 하는 욕구를 방해한다. 인간으로 나타난 하나님의 실재, 즉 성육신에 대한 믿음은 하나님께 드리는 예배 속에서 반드시 인간을 깊은 몰입으로 인도할 것이다. 하나님의 자녀들 간의 협력적인 사역으로 예배를 규정하는 것은, 또한 예배 중에 공동체가 온 마음과 몸 그리고 하나님께서 주신 성령과 협력할 것을 요청한다. 훌륭한 예배와 훌륭한 예술은, 둘 다 신성한 것이며 인간적인 것이다. 그리고 예배는, 최상의 사역과 드릴 수 있는 최고의 사랑 그리고 훈련을 요구하기 때문에 분명 예술이라고 할 수 있다.

예배춤이라고 부르기 위해서는, 그것을 그리스도교 예술의 가장 높은 단계로 끌어올려야 한다. 앞으로 이 책을 통해 계속해서 설명하겠지만, 예배춤은 예배 예술이다. 나아가 예배춤은 몸과 마음, 영과 감정을 하나로 만들어 주는 독자적인 예술이자 창조적 움직임이다. 따라서 논의의 여지없이, 전인적 인간으로서의 통전성보다는 육체만을 강조하고, 성육을 통해 기뻐하기보다는 육체만을 드러내고자 하는 세속적인 춤의 분야는 진정한 그리스도교 예술이 되지 못한다.

몇 가지의 추가적인 정의가 이를 증명하는데 도움이 될 것이다. 아름답다고 하는 단어는 종종 춤과 짝을 이루어 쓰이지만, 이것은 자연스럽지 않은 움직임을 이야기할 때도 자주 사용된다. "그녀는 고무 인형처럼 움직인다" 또는 "예배를 드릴 때 그는 천사처럼 움직인다"는 등의 표현법은, 살과 피를 가진 피조물의 움직임을 서술하는데 한계가 많은 표현들이다. 예배 속에서 성직자, 회중 혹은 무용가의 움직임은, 하나님께로부터 받은 재능과 움직이는 사람의 신체가 아주 잘 조화될 때 가장 아름답다. 몸의 움직임이, 만들어진 움직임과 그 움직임을 통해 표현되는 감정 사이에 깊은 상호관계가 있을 때 그것은 아름답다.

은혜롭다**graceful**고 하는 말 역시 다소 까다로운 단어이다. 그 단어를 은총이 가득하다**grace-filled**라는 말로 바꿔서 우리 나름대로 사용해 보는 것도 좋겠다.

아난다 쿠마라스와미Ananda Coomaraswamy는 예술가에 대해, "예술가는 특별한 종류의 사람은 아니지만 모든 사람들은 특별한 예술가이다"라고 정의했다.[2] 이것은 상당히 성서적 취지에 입각한 말이다. 하나님의 형상을 따라 만들어진 우리 모두는, 하나님께서 창조하신 세상을 함께 공유한다. 물론 각각의 사람들은 예술적 재능을 서로 다르게 부여받았지만, 그러나 모든 사람들은 창조적이다. 하지만 나이를 먹어감에 따라 사정은 달라진다. 우리는 어린 시절을 지내는 동안 인식하지 못했던 것들을 알게 되는 과정을 통해 우리 자신이 매우 창조적인 예술가였다는 사실을 깨달을 수 있었다. 그러나 이 책을 읽기에 충분할 정도로 나이가 든 우리는, 이제 다른 사실을 확인하게 된다. 통계자료에 따르면, 5세 아동들의 경우 90퍼센트가 '매우 창조적'이지만, 어른들의 경우 2퍼센트만이 창조적이라고 한다. 이것이 우리가 아이 때 가졌던 창의성을 잃어버렸다는 뜻은 아니다. 그 보다는, '세상을 살면서 때가 묻어버린 나의 생각'이 창조적인 요소를 추방해 버렸다고 보아야 할 것이다.[3]

무용가라는 말에 대해서는 어떠한가? 움직임의 언어를 아름답게 **자연스럽다는 의미에서** 표현할 줄 알고, 충만한 은총과 자신의 창의성을 받아들이는 모든 사람은 무용가이다. 우리

 잃어버린 춤

는 쿠마라스와미가 했던 말을, "무용가는 특별한 종류의 사람은 아니지만 모든 사람들은 특별한 무용가이다"로 바꾸어 말할 수 있을 것이다. 다시 말해서, 움직임의 예술에 있어 남들보다 탁월한 예술적 재능을 부여 받은 사람들이 있기는 하지만, 그리스도인들 가운데 '무용가 아님'이라고 분류될 만한 사람은 아무도 없다는 뜻이다. 어떤 사람을 무용가가 아니라고 분류하는 것은, 그들에게는, 보이지 않는 내적인 영성을, 아름답고도 의미 있는 몸짓과 움직임으로 표현할 능력이 없다고 말하는 것과 같다. 이것은, 한편으로 그리스도인으로서의 타고난 저들의 권리를 부인하는 일이요, 다른 한편으로는 예전적 춤과 나 자신의 전 존재를 관련시키라고 하시는 하나님의 부르심을 거절하는 일이다.

나는 여기서 마지막 두 단어인, '의례ritual'와 '창조적creative'이라는 단어의 개념을 조심스럽게 정의내리고 싶다. 이 두 가지 단어는 서로 양립하는 반대적 의미인가? 예배 집례자 및 회중의 움직임과 예술가의 창조적인 움직임은 공동의 근거를 공유하고 있는가? 의례의 움직임 가운데서 창의성이 발휘될 수 있고, 창조적인 예술작업 가운데서 의례가 존재할 수 있는가?

의례에 있어서 움직임은, 공동체의 신앙을 표현하는 고

도로 상징화된 체계이다. 따라서 의례에 있어서의 움직임
은, 그 공동체 안에서 중요한 의미를 갖게 되고, 또한 친근
한 형태로서 자주 반복적으로 표현되어진다. 하지만 진정
한 의례란, 옛 것을 포함하는 동시에 현재의 새로운 것을 기
꺼이 받아들이고, 나아가 펼쳐진 미래를 수용하는 살아있
는 것이어야 한다. 그러므로 예전에 참여하는 사람들의 믿
음과 더불어 자연스럽고 유기적으로 성장하지 않은 의례는
진정한 의미의 의례라고 할 수 없으며, 그럴 경우 '의례주
의<sup>ritualism</sup>'로 전락하게 된다. 이 때 의미 있는 형식은 극단적
형식주의에 자리를 내주게 된다. 의례에 있어서의 움직임
자체도 시간의 흐름에 따라 변화하게 된다. 그러나 가톨릭
교회처럼 규모가 크고 보수적인 체제 안에서는 의례 안에서
의 예전적 움직임의 유기적인 변화와 창조적인 발전이 묵직
하고 느린 속도의 걸음걸이로 전개될 것이다. 하지만 그 안
에도 고유한 아름다움이 있다. 변화를 위한 급격한 변화나
의미없는 형식의 무딘 반복이 아니고, 필요한 경우에 참을
성 있게 그 변화과정을 신뢰하고 조금씩 밀어가는 과정 속
에서 절망을 희망으로 바꾸어 가는 도전을 감행할 수 있는
것이다.

진정으로 창조적 움직임이란, '의례 속에서 유일하고 보편

 잃어버린 춤

적 움직임과는 전적으로 마주하며 합당’ 4 하면서도 살아 있는 예배의 특성을 깊이 있게 공유한다. 창조적이라는 단어는, 혁신적이기는 하지만 역사적 뿌리가 없고 충동적이며 깊이가 없는 것이라는 식으로 때때로 무분별하게 사용된다. 그러나 진정으로 창조적인 움직임은, 역사 속에 뿌리내리고 있지만 끊임없이 새로워지려고 하는 움직임이다. 또한 형식을 통해 새롭게 자라는 형식으로서 유기적인 것이며, 그 움직임을 통해 표현되는 의미의 중요성에 의해 형성되는 것이다.

의례적 움직임은, 사람의 믿음을 형상화하고 나아가 풍부하게 한다. 창조적 움직임은, 특정한 신앙의 깊이를 표현하기 위해 깊이 파고 들어가거나 믿음의 극한에 서기 위해 서서히 앞으로 나아간다. 하지만 이 두 가지 모두가 활성화되어 유기적으로 성장하여야 한다. 그리고 두 가지 모두 깊이 있게 체화되어야 하며, 보이지 않는 것을 형상화하는데 헌신하여야 한다.

3장
# 은총과 부담
## Gift and Burden

**만일** 우리가, '움직임으로서의 그리스도교 예술'과 '춤으로 드리는 예배'에 자신을 개방하고자 한다면, 우리는 반드시 표현의 악기인 몸과 그 표현의 재료인 몸의 움직임에 익숙해져야 한다.

태초에 하나님께서는, 흙에 기를 불어 넣으시어 영적으로나 육적으로나 온전한 존재로서의 인간을 창조하셨다. 역사를 통해 볼 때에 하나님께서는, 당신께서 창조하신 인간들에게 말씀하실 때마다 그들의 생각이나 마음의 상상을 통해서뿐 아니라, 불타는 떨기나무, 음성, 거룩한 땅 위의 맨발, 광야에서의 만나 등을 가지시고 육체적 감각을 통해서도 말씀하셨다. 그리고 계속해서 하나님께서는, '이리로 오라, 저리로 가라, 예배할 때에 절하라, 찬양할 때에는 거룩한 손을 들라, 행렬에 참여하고 소리치고 박수치며 춤을 추어라!'등 몸의 움직임을 통해 예배하라고 말씀하셨다.

인간의 역사 속에서 하나님은, 당신 스스로가 영적인 감각뿐 아니라 육체적 감각까지 민감하게 살아있는 화육하신 인간으로서, 당신의 사람들과 친밀하게 말씀하셨다. 예수님을 증언한 제자들은, 생명의 말씀이신 그리스도의 목소리를 직접 들었고, 그분의 모습을 똑똑히 목도했으며, 자신들의 손으로 그분의 몸을 직접 만져 보았다고 증거하며 **요일 1:1** 기뻐하였다. 십자가 위에서 예수님은, 하나님께서 창조하신 인류를 구원하셨다. 예수님은 인간의 일부– 단지 영적인 부분이나 혹은 부차적인 육신 안에 갇힌 영혼–를 위해 죽으신 것이 아니다. 무엇보다도 예수님은, 하나님께서 창조하셨던 인간의 몸과 마음, 영혼과 감정 등 그 존재 전체를 구원하기 위해 죽으셨고 부활하셨다. 그렇게 예수님은 인간의 온몸과 마지막 세포 하나까지도 끌어안으시고 마침내 죄를 씻기셨다.[1]

교회가, 예배자들이 가진 감각과 관련하여 오랜 역사를 가지고 있다는 사실은 놀라운 일이 아니다. 시각은 도안, 의

복, 스테인드글라스 그리고 건축물 등에, 청각은 음악이나 말씀에, 후각은 향긋한 향기나 꽃에, 촉각은 성수가 뿌려지고 기름 부어지고 손을 모으는 것에 관련이 있다. 미각은 먹을 빵과 마실 포도주를 통해 자신을 내어 주시는 주님의 선물과 관련이 있고 운동감각은, 사제와 예배집례자와 회중의 몸의 움직임과 관련이 있다.

최근 수세기 동안 서구문화 속에서는, 인간의 지적 능력의 고양에 대해 지나치게 높이 평가하는 경향이 있어 왔다. 그로 인해 교회 안에서도, 영적이고 지적인 부분은 우월한 것으로, 반면에 육체적이고 감정적인 부분은 열등한 것으로 여기는 경향이 있어 왔다. 이러한 이분법적 규정으로 인해, 육체와 정신을 통합적으로 이해하는 전인적 관점이 무시당하는 사례가 여기저기서 목격되었다. 그러나 제 2차 바티칸 공의회 이후에 쓰여진 다음의 교회 문서는 인간의 통전성에 대한 새로운 관심을 반영한다.

믿음의 공동체인 교회에서의 예전의식은 인간의 전인성과 관련을 갖는다. 그것은 단순히 이성적이거나 지적인 능력뿐만 아니라 육체, 정신, 감각, 상상력, 감성, 기억 등 인간의 모든 능력을 요구하고 있다. 이러한 요소들에 대한 관심은 현 시대의 예배 갱신에 있어 긴급하게 필요한 요소 가운데

 잃어버린 춤

하나다.[2]

가치 있는 전통은, 전인성에 주의를 기울이는 것이 회심, 의
지, 기쁨, 참회, 믿음, 사랑, 기억, 움직임, 몸짓, 경외감 등에
대하여 관심을 기울이는 일이며, 나아가 예전의식에 있어서
감성적인 요소를 개발하고 발전시킴으로써 인간에 대한 보
다 전인적인 접촉을 재강조하기 위해서도 매우 중요하다는
사실을 보여 준다.[3]


인간의 전인성은 하나님이 주신 거룩한 선물이다. 그것을
어디에서 잃어버렸든 간에 인간의 전인성을 되찾는 일은 교
회에게 필수적이다. 하나님께서 인간의 몸으로 오셨다는
것을 가르치는 곳이 바로 교회이기 때문이다.

전인적인 상태로 돌아가는 일과 그 은총을 되찾는 일에 있
어 지극히 중요한 것은, 영적인 내면생활을 드러내는 것이
고, 그러한 내면생활의 확고한 형태로서 몸의 움직임을 수
용하는 것이다. 왜냐하면 인간은 몸과 마음, 정신과 감정
의 연합체이기 때문이고, 감정은 그 결과로 나타나는 움직
임이 내적인 실재를 왜곡시키는 경우라 하더라도 몸의 움직
임을 통해 외부로 표현되는 것이기 때문이다. 몸은, 자아가
그것을 의도하든 혹은 의도하지 않든 내면의 자아가 느끼는
의미와 내용을 움직임으로 표현한다. 예배 속에서 몸의 움

직임은 신앙, 찬양, 회개 그리고 기쁨 등의 감정을 표현할 수 있다. 뿐만 아니라 이러한 감정들이 부재하거나 잠깐 사라질 때에도 이러한 상태를 이끌어내도록 도울 수 있다. 미국의 주교들은, 몸의 움직임을 통한 표현을 돕는 음악에 대하여 다음과 같이 설명한다.

> 믿음이 언제나 우리 감정에 스며드는 것은 아니다. 하지만 예배 안의 표식이나 상징은 우리가 의례를 행할 때에 믿음에 이르는 육체적 표현을 제공하며, 우리 자신의 믿음을 고무시켜 준다. … 우리는 기도 중에 하나님께 응답하기 위해 우리 자신의 감정을 고조시킨다.[4]

다른 사람들과 떨어져 혼자 조용히 예배를 드리고 싶을 때에도, 타인들 속에 계신 하나님의 현존을 받아들이기 위해서는 '평화의 인사'로 나 자신을 열어야 한다. 이럴 때에 처음 느끼는 거부감은, 나 자신을 지키려고 노력했던 정도와는 상관없이 사라질 수도 있다.

몸의 움직임은, 자기를 표현하는 가장 중요한 언어이자 인간의 의사소통을 가능케 하는 도구이며, 우리가 태어나기 전부터 죽을 때까지 의식적으로나 무의식적으로 항상 사용하는 언어이다. 가장 원초적인 단계에서, 몸의 움직임이란 생명의 표식이다. 그리고 움직임의 감각은 삶에 있어 필수적인 것이다. 혹 우리 몸의 다른 감각들을 잃는다 해도 여전히 살아갈 수 있지만, 움직임의 감각을 상실하는 것은 곧바로 파멸을 의미한다.[5]

　몸의 움직임과 관련하여 볼 때, 예배 속에서 기도의 함의는 다양하다. 앞서 설명했듯이, 움직임이란 인간의 표현과 의사소통에 있어 가장 주된 언어이며, 생명의 표지이며, 삶에 필수적인 요소이다. 따라서 예배자들에게 있어 몸의 움직임은, 기도의 형태로 만들어져야 할 뿐만 아니라 지속적으로 개발되어야 하는 강력한 소재이다. 우리가 전체적으로 혹은 전인적으로 구원받았다는 사실은, 현실을 증명하는 하나의 언어 안에서 이를 인정하고 축하해야 한다. 몸의 움직임이 의미를 표현하고 감동을 주는 힘은, 교회에 가장 논리적이고 **논리적인 것을 좋아하는 사람들을 위해** 경외스런 **논리적이 아닌 그리스도의 몸의 실재를 느끼고 싶어 하는 사람들을 위해** 기도와 찬양이 가능하도록 하였다. 즉, 몸의 움직임을 통한 메시지는 또 하나의 언어인 것이다.

　성서는, 성령의 전인 우리의 몸을 통해 하나님께 영광을 돌리고**고전6:19~20** 우리의 몸을 하나님이 기뻐하시는 거룩한 산 제물로 드리라고**롬12:1** 권면한다. 하지만 우리들은 몸을 육체와 영으로 나누어 놓았다. 그리고는, 특별히 교회 안에서 내적인 의지를 외적으로 드러내는 일이 중요하지도 않고 바람직하지도 않다고 배워 왔다. 그러나 한편 교회 밖인 세상 속에서는, 외적인 형식에만 주의를 집중하도록 하는 춤과 움직임을 통한 표현의 세계를 발견하게 된다. 물론 외적 형식에만 집중하는 그런 움직임에는 내적인 실재가 존재하지 않는다. 문제는, 몸의 움직임에 관한 '종교적' 혹은 '세속적' 관점이 오히려 몸의 움직임의 중요성을 놓치게 만들었다는 것이다. 하나는 몸을 거부하는 반면, 다른 하나는 몸을 찬양한다. 어느 쪽도 그리스도의 성육신을 축하하지 못한다. 둘 다 하나님의 은총을 온전히 받아들이지 못한 것이다!

　성서의 어떤 구절들은 몸의 움직임을 통한 기도를 요청하는 것처럼 보일 수 있는 반면, 성서의 다른 구절들은 그것을 거부하는 것처럼 보일 수도 있다. 육체와 정욕에 대한 사도 바울의 빈번한 반박은, 그리스도교적 삶과 예배에 있어 인간의 몸이 중요하지 않다거나 혹은 부정적이라는 사실을 이야기하는 것처럼 들릴 수도 있다. 그러나 사도 바울은, 갈라디아 교인들에게 육체를 포기하라고 말한 것이 아니라 육체의 욕정을 버리라고 말한 것이다<sup>갈5:24</sup>. 성서 해석에 관한 연구를 통해 다음의 사실을 확인하게 되었다. "사도 바울에게 있어, '육체flesh'란 결코 '몸body'과 동일한 것이 아니며 '영spirit'이란 결코 '정신soul'에 국한되지 않는다. '영'이 모든 인간이 구원받은 것을 나타내는 반면에, '육체'는 모든 인간이 타락한 것을 의미한다. 따라서 몸body이 육체와 더불어 세속적인 것이 될 수 있는 것처럼 동시에 몸은 정신과 더불어 영적인 것이 될 수 있다."[6]

사도 바울이 말한 몸과 육체 사이의 차이점을 잘못 이해할 때, 우리는 몸을 하나님의 선물이기 보다는 인간의 적으로 바라보게 되는 플라톤의 이원론에 빠지게 된다. 게라르두스 반델 레에우Gerardus van der Leeuw는, 그의 저서『신성하고도 세속적인 아름다움:예술에 있어서의 거룩함』에서 그 요점을 분명하게 설명한다.

진정한 그리스도교 신앙은 몸과 영혼이 동일하게 모두 하나님에 의해 창조되었으며, 동일하게 죄에 의해 공격을 당했고, 동일하게 그리스도에 의해 구원을 얻었다는 점을 인식한다. … 참된 그리스도교는 이원론적이지 않다. 따라서 몸의 움직임이 거룩함을 표현할 수 있다는 생각은, 거룩함이 설교를 통해서 표현될 수 있다는 생각과 마찬가지로 그리스도교적 사고에 있어 옳기도 하고 틀리기도 하다. 이 세상에서 하나님의 거룩하심을 표현할 수 있는 것은 아무것도 없기 때문에 동일하게 틀린 것일 수도 있고, 온 힘을 다해 하나님을 영화롭게 하는 것이 인간에게 주어진 의무이기 때문에 동일하게 옳은 것일 수도 있다. 모든 인간적인 표현 속에 죄가 존재하기 때문에 동일하게 틀린 것일 수도 있고 하나님의 형상을 통해 창조된 인간이기 때문에 동일하게 옳은 것일 수도 있다.[7]

심지어 종말론적 신학에서조차도, 진정한 그리스도교 신앙이라면 몸과 영혼은 대립하지 않는다.

주님의 부활 안에서 모든 것은 새로워지며  완전함과 건강성이 회복된다.[8]

모든 피조물에게 몸의 부활은 약속된 것이다. 그 약속이 비록 신비로운 것이라 할지라도, 예수 그리스도를 믿는 우리는 인간의 몸이 하나님의 구원의 계획 안에 있다는 사실을 믿고 고백한다.

"다가올 미래에, 말로는 다 표현할 수 없는 은혜 가운데, 인간의 몸이 영혼과 함께 하는 때가 온다면, 우리는 가능한 지금부터라도 그 벽을 허물어야 한다"는 성 그레고리 팔라

마스St. Gregory Palamas의 말은 우리에게 시사하는 바가 크다고 하겠다.[9]

　우리는 자주 인간으로서의 한계에 직면한다. 하나님께서 주신 온전함이라는 은총을 되찾기 위하여 우리가 벌이는 일상의 투쟁은 굉장히 현실적인 일이다. 하지만 모든 힘과 감각을 통해 그리고 우리의 일상생활과 예배 기도 가운데, 나의 몸이 하나님을 찬양하고 예배 드리는 도구가 되는 것에서 면제될 수 있는 사람은 아무도 없다.

# 4장
# 제사장직과 **거룩한 행위**
## Sacred Act and Priestly Office

**종교적인** 몸짓과 춤의 역사에는 그리스도 교 이전의 것들이 많이 있으며, 이런 것들은 반드시 제한적 으로 거론할 필요가 있다. 본서의 말미에 나와 있는 참고문 헌들은, 독자들에게 세계역사를 관통하는 종교적인 몸짓과 춤에 관한 역사적 정보들을 알려줄 것이다.

그리스도교 전통 속에서 춤을 다루기 위해서 몇 가지 예비 적 설명이 필요하다. 원시사회에서는 춤을 별로 중요하지 않게 여긴 것 같으나 예배, 작업, 놀이, 곡식을 가꾸고 소비 하는 일, 영적 혹은 정치적인 전쟁, 출산, 사춘기, 결혼 그 리고 죽음 등 삶의 모든 영역에 춤을 동반하였으며, 실제로 춤을 필요로 하였다. 생명의 본질은, 개인이나 부족이 힘을 얻고 권력을 잡고 상대를 압도하기 위해서 몸의 '움직임'과 관계 맺을 것을 요구하였다. 그래서 춤이란, "빵을 무시하는 예술이 아니라 빵과 함께 삶을 영위하도록 하기 위해 필요한 모든 것을 공급하는 예술이었다. 그것은 종교 지도자에 의해 제한되거나 혹은 그에 의해 극히 일부가 수용되는 죄된 행위이거나 소일거리가 아니라, 부족 전체를 위한 매우 거룩한 행위이자 제사장의 의무였다."[1]

원시 사회의 춤이 단지 과거의 현상이 아닌 이유는, 오늘날에도 공동의 삶을 공유하며 가장 일차적인 언어로서의 춤을 통해 자신들의 의사를 표현하는 집단 구성원들이 존재하기 때문이다. 그러한 공동체로서, 미국 남서부 지역의 인디언과 하와이의 불교도들을 우선적으로 꼽을 수 있다. 내가 사는 남서부의 사막지역은 야퀴Yaqui, 파파고스Papagos 등의 인디언 부족들의 거주지이다. 야퀴와 파파고스 사람들은, 비록 자신들의 삶의 방식을 와해시키려는 외부인들의 침략행위로 인해 위협을 받았지만, 춤에 관한 자신들의 전통을 유지하고자 노력했다. 저들의 춤은 매년 고난주간과 성인 축일에, 그리고 병의 회복과 사냥의 성공을 비는 주술의식일에 공연되었다. 최근의 모든 인디언 주술의식에 참가하면서 나는, 몇몇 전통춤에 관한 설명을 듣고 관찰하는 특혜를 받았다. 마타치네스<sup>Matachines</sup>의 대변인은, 성모 마리아에게 올리는 자신들의 춤은 매우 신성한 것이어서 교회를 제외하고는 좀처럼 공연되지 않는다고 설명했다. 전쟁에서 돌아온 남자들에 의해 공연된 춤은, 그들을 온전하게 회복시키고 악을 흔들어 떨어뜨리며 그 악이 다시금 깨끗하게 되어 땅으로 되돌아오도록 하는 것이 목적이었다. 주술의식에서는, 제2차 세계대전과 베트남전에서 미국을 위해 참전하였던 남자들이 춤공연을 펼쳤다.

올해는, 툭손<sup>Tucson</sup> 외곽에 있는 산 자비에르 교회<sup>San Xavier Mission</sup>의 200주년 기념으로, 방문객과 인디언 무용수들을 갈라놓는 장벽이 제거되었고 누구나 춤에 참가하도록 초대를 받았다. 최근 툭손의 한 종교 교육회의의 워크숍에서 나바조<sup>Navajo</sup>족인 레드하우스<sup>Rex Redhouse</sup> 씨는, 모든 관객이 함께 참여하는 가운데 몇 가지 사교춤을 가르쳤다. 우리는 원을 그리고 손을 잡은 채, 레드하우스 씨의 드럼에 맞춰 계속 반복하여 옆 걸음 치는 춤 동작을 배웠다. 물론 유쾌했으며, 지역공동체를 위한 진지한 활동의 시간이기도 했다! 수년 전, 하와이에서 산책을 하고 있을 때의 일이다. 한여

름, 모든 영혼을 위한 불교 축하 행사인 일본의 본**Bon** 축제
가 열리는 뜰에 다다르게 되었다. 모인 사람들이 그 뜰의 바
닥에서 원을 그리며 춤을 추는 동안, 음악가는 뜰의 중앙에
있는 망루의 꼭대기에서 음악을 연주하며 노래를 불렀다.
그 축제에 참석한 모두가 함께 걸으며 춤을 추었고, 걷지 못
하는 이들조차 사람들에게 부축을 받으면서 춤을 추었다.
앉아서 몇 시간을 바라본 후에 나는, 함께 춤을 추자는 권유
를 받았다. 그 사람들 가운데 누구와도 말로는 의사소통을
할 수 없었지만, 나는 그날 밤에 춤추며 느꼈던 것보다 더
편안한 느낌을 그 어디에서도  느꼈던 적이 좀처럼 없었다.
인디언이나 불교도의 춤 모두에서 나는, 한순간에 단순하
지만 심오하고 또 자연스럽게 모든 이들과 소통하는 방식과
모든 생명을 포용하는 포괄성의 감각을 경험하였다.

　1981년, 나는 미네소타주의 로체스터에 있는 성 프란시
스 수도원**motherhouse**의 여성건강센터에서, 소박하지만 아
름다운 퇴장춤**recessional dance**을 연출**마지막에는 모두 함께 어
울렸지만**하는 특권을 얻었다. 휠체어도 지팡이도, 춤을 추는
데에 방해물이 되지 못했다. 음악이 시작되자 모든 이들이
움직이기 시작했다. 어떤 사람들은 뛰어오르며 노래하고
팔을 흔들며 춤을 추었고, 또 어떤 사람들은 인파를 헤치고

발을 움직이며 춤을 추었다. 그곳에 모인 무리는 모두 박자에 맞춰 전진하였다.

인디언과 불교인들의 춤 그리고 성 프란시스 수도원에서의 퇴장 춤은, 원시적인 춤을 식별할 수 있는 한 가지 특성을 공유하고 있었다. 그것은 바로 '화합'이었다. 거기에는 공연자와 관객의 구별이 없었고, 미학과 실용주의, 기도와 여흥 사이에서의 그 어떤 의문도 생기지 않았다. 모든 이들이 참가자였기 때문이다. 춤은 아름다웠고 목적을 충족시켜 주었다. 그것은 기도이며 공동 작업인 동시에 여흥이었다. 원시적인 풍습의 관점에서 볼 때, 앞서 언급한 것들에 대하여 의문이 생기는 경우, 그것들은 종종 공동체의 삶이 연약해지거나 흔들리는 표지로 설명되었다.

의식이 끝나자 마자 그것은 단순한 볼거리가 된다. 신과 교통하기보다 사람들에게 드러내어 영향을 주고자 하기 때문에 그것의 보편적인 힘은 부서지고 분열된다. 종교는 춤에서 자신을 분리시키고, 예술은 작업에서 자신을 분리시킨다. 신성한 것이 세속적인 오락이 되며 오래된 의례들은 퇴보한다.[2]

현대 문화 속에서, 대부분의 춤은 그 근원으로부터 멀리

 잃어버린 춤

떨어져 나와 버렸다. 삶의 전체성과 접촉하던 것에서 떨어져 나와, 대부분의 경우에 있어 축소되었고 많은 경우 에로티시즘과 연관되었다. 깊은 종교적 의미를 간직하고 있는 많은 민속춤조차도, 이제는 삶의 숨결을 표현하기보다 생활로부터 분리되어 그저 공연될 뿐이다.

원래적이고 본원적인 춤에 대한 경험을 주장하는 그리스도인들은 매우 소중한 것을 이야기 해주고 있다. 그들은, 삶의 모든 것을 **각 개인의 삶 또한** 하나의 통합적이고 거룩한 현실로 보는 사람들과 함께한다. 그들은, 인간의 마음과 생각을 표현하기 위한 보편적인 토대로서의 몸의 움직임을, 그들이 서 있는 기반으로 받아들이려고 한다. 그들은, 인간 정신의 움직임과 그 정신이 머무는 몸의 움직임 사이의 불일치 때문이 아니라, 춤을 불경한 것으로 치부하는 관점으로부터 종교와 춤의 대립이 생겨났다는 것을 깨닫는다. 그들은, 인간의 몸으로 오신 하나님과 자신들 안에 있는 육화된 영, 그리고 성화된 육체를 믿는 신자들이다. 따라서 저들은 춤을 출 수 있고, 또 추어야만 한다는 사실을 기쁘게 증거하게 될 것이다.

원래적인 경험을 통해 움직임의 표현에 다가가는 것은, 그리스도인 개개인과 지역 공동체가 자의식의 고통과 "보여주기식"의 위험에서 벗어나도록 도울 것이다. 본래적 의미의 춤은, 관객을 위한 것이 아니라 춤을 추는 사람이 속해있는 공동체의 유익과 하나님을 위한 것이다. 따라서 그리스도인 사제나 예배무용가는 관객을 위한 공연을 할 수가 없다. 이것은, "종교적인 행사에는 관객이 없기 때문이며, 이러한 사실이 다른 대중공연과 구별되는 유일한 차이점이다."[3] 사제들은 기도의 움직임을 정교하게 만드는 것을 주저하는데, 이것은 '보여주기식'을 조장하고 싶어 하지 않기 때문이다. 그러나 그가 하나님께 드리는 자신의 몸짓과 자신이 섬기는 공동체에만 관심을 집중한다면, '보여주기'란 있을 수도 없을 뿐만 아니라 오로지 진실한 마음으로 드리는 성육된 기도의 가능성만이 있다는 사실을 발견하게 될 것이다. 과시하는 것을 원하지 않는 **비록 무의식적으로라도** 사제와 무용가는, 아마도 사람의 눈을 통해 보이는 것보다 훨씬 더 많은 찬양의 몸짓과 춤이 있다는 본원적인 사고로부터  많은 것을 배울 수 있을 것이다.

춤에 관한 본원적인 사고는, 20세기 서구문명에서 자라난 무용수에게는 다소 혼란을 주게 될 것이다. 어떻게 관객 없이 춤이 존재할 수 있는가? 만일 관객이 없다면 무용수가 할 수 있는 일은 무엇이 있겠는가? 이런 질문들에 대한 대한 응답으로서 이 책은 예배춤 예술가의 사역을 검토하고 정의할 것이다. 우선 다음 세 가지를 예시하려고 한다.

첫째로, 예배무용가는 양초나 불타는 향로 혹은 수난일의 십자가나 복음서를 들고서, 거룩한 대상을 향해 솜씨 있고 경건하게 움직이며 행렬을 인도할 수 있다. 십자가와 하나님의 말씀에 대한 공동체의 신앙심 깊은 관심을 지원하기 위해 형성된 이 몸짓은, 공동체의 이름으로 춤을 추기 위한 무용수들의 본래적 의도와 부합하고, 만일 춤이 전체적인 예전적 행위에 유익한 것이라면 예배에 있어 의미 있는 부분이 될 수 있다는 미국인 주교의 언급과도 잘 부합한다.[4]

둘째로, 예배무용가는 공동체를 위한 예배에서의 몸짓을 가르치고 인도할 수 있다.

셋째로, 예배무용가는 예배의 시작과 끝 그리고 공동식사나 교인 야외예배에서 사용되는 그리스도교 포크댄스와 같은 공동체의 춤을 연구하고 만들 수 있다. 위에 있는 모든 예들은 나중에 이 책에서 언급될 것이다. 그러나 이 예시들을 통해, 예배하는 동안 성가대나 솔리스트가 묵상을 위해 노래를 불러야 하는 것과 마찬가지로, 예배무용가가 춤을 추어야 한다고 말하려는 것은 아니다. 그 보다는 예배춤에는 공연이라는 것 이상의 더 많은 무엇이 내재한다는 점을 말하려는 것이다.

원시인들에게 있어 춤이란, 몸과 영혼의 조화 그리고 공동체와 개인들의 조화, 종교, 예술, 노동 그리고 공동체생활에서의 화합 등을 표현하는 것이었다. 그것은 또한 진지한 작업이자 동시에 기쁨에 넘치는 찬양이기도 했다. 나아가 그것은 성스러운 작업이며 성스러운 놀이였다. 사제와 예배인도자, 목회자와 예배무용가들 그리고 회중, 곧 그리스도교 움직임의 예술가들로서 우리는 본래적인 춤으로부터 많은 것을 배울 수 있을 것이다.

하나님께 감사를!

_ 둘째 마당

# 그리스도교 예전적 움직임의
# 어제와 오늘

# 5장

# 미리암과 다윗으로부터
## From Miriam and David

**초기** 유대국가의 역사는 그리스도교의 역사이기도 하다. 그리스도인들의 구약성서는 유대인의 성서에서 온 것이다. 시편의 많은 부분들이, '여호와를 찬양하라. 그의 성소에서… 소고와 춤으로 그를 찬양하라**시편150**', '손에 나뭇가지를 들고 제단까지 축제 행렬을 벌여라**시편118**', '손을 들고 기도하라**시편63**', '허리를 굽혀 경배하며 하나님 앞에 무릎을 꿇자**시편95**', '손뼉 치며 즐거운 소리로 하나님께 외치라**시편47**'고 신실한 유대인들에게 가르친다. 그러므로 움직이지 않고서 온 마음을 다해 하나님을 찬양하고 외치며 손뼉을 친다는 것은 불가능한 일이다.

벤 시라**Sirach**의 집회서**구약 외경 1** 제50장에서, 우리는 제단에서 드려지는 예배에서 '움직임'이 갖는 엄청난 중요성에 대한 묘사를 발견한다.

시몬은 전능하시고 지극히 높으신 분께 정중하게 제물을 바치면서 제사를 지냈다. … 그 때에 아론의 자손들은 환성을 올리고, 잘 두들겨 만든 쇠나팔을 불며 … 그러자 사람들은 일제히 모두 땅에 엎드려, 전능하시고 지극히 높으신 하나님이신 그들의 주님을 경배하였다. 악사들은 찬미가를 불렀는데, 그 모든 노래는 아름다운 가락을 이루었다. … 사람들은 지극히 높으신 주님께 탄원하고 자비로우신 분께 기도를 올렸다 … 그 후에 시몬은 제단에서 내려 와 팔을 들어 그 곳에 모인 이스라엘 자손들에게 큰 소리로 주님의 축복을 빌어 주었다. … 그래서 사람들은 다시 엎드려, 지극히 높으신 분의 축복을 받았다**집회서 50:14-21**.

행렬, 경배, 토라 혹은 제단에서의 원 그리기, 절하기, 기도 중에 손을 올리기, 몸을 흔들기, 춤추기 등은 모두 여호와께 드리는 공동체의 기도를 돕는 인간적인 행위로 받아들여졌다. 구약성서에서 가장 자주 인용되는 춤에 관한 구절은 출애굽기 15장과 사무엘하 6장에서 발견된다. 출애굽기 15장은, 이집트에서 이스라엘 백성을 인도한 것을 자세히 서술하는 대목으로, 여기서 미리암이 감사의 춤을 추며 여성들을 이끈 것이다.

이때 아론의 누이이며 예언자인 미리암이 소고를 잡자 모든 여자들도 그를 따라 나오며 소고를 잡고 춤을 추었다. 이때 미리암이 그들에게 이렇게 노래하였다. 여호와를 찬송하라! 그가 영광스럽게 승리하셨고, 말과 기병을 바다에 던지셨음이라출15:20-21.

우리는 당시의 춤에 관해 구체적으로 알고 있는 것이 없다. 하지만 종교춤 역사가인 루이스 백맨E.Louis Backman은, 미리암에 의해 주도되었던 그 춤이 도약 춤의 종류였다고 가정을 한다.[2] 한편, 사무엘하 6장에서 표현된 다윗의 춤에 관해서도 우리는 부분적으로 정보를 가지고 있다.

그리고 그는 모시 에봇을 입고 여호와 앞에서 힘껏 춤을 추었다. 그렇게 해서 다윗과 모든 이스라엘 사람들은 기쁨의 함성을 지르고 나팔을 불면서 여호와의 궤를 메어 왔다. 그러나 여호와의 궤가 다윗성으로 들어올 때 사울의 딸이며 다윗의 아내인 미갈이 창 밖을 내다보다가 다윗왕이 여호와 앞에서 뛰고 춤추는 것을 보고 속으로 그를 업신여겼다삼하6:14-16.

 잃어버린 춤

본문에서 사용된 춤추다<sup>sāhaq</sup>, 빙글빙글 돌다<sup>kārar</sup>, 뛰어오르다<sup>pāzaz</sup>, 껑충껑충 뛰다<sup>rāqad</sup> 등의 단어들은 당시 다윗의 춤을 유추해 볼 수 있는 귀한 자료이다. [3]

구약 성서나 모세오경에서 춤을 금지한 구절은 아무데도 없다. 춤이란, 그것이 우상에게 영광을 돌리는데 사용되거나 술에 취하는 것과 관련이 되는 경우에 한해서만 부정적인 것으로 표현되었다<sup>출32:19</sup>. 거룩한 날들이나 제의에 관련된 춤은, 유대인의 종교적인 생활에 있어서 매우 일반적이고도 없어서는 안 될 부분이었다. 그렇기 때문에 춤에 대하여는 예수님도 매우 익숙하셨을 것으로 추측할 수 있다. 우리가, 히브리어 가운데 춤에 해당하는 단어들이 사용된 횟수와 이러한 단어들이 제의적인 움직임과 공동체를 위한 춤 그리고 산, 양, 바다, 강 및 모든 피조물의 움직임을 설명하는 데 사용된 횟수를 조사해 보면, 춤이 유대인들의 생활 가운데 얼마나 자연스럽고도 핵심적인 역할을 수행하였는지 알게 된다.

세 가지 축제 Three Festivals

유대인들에게 가장 중요한 세 가지 축제 역시 춤과 관련이 깊다. 기본적으로, 축일을 지키는데 있어서 춤이 없어서는 안 될 중요한 부분이었음이 각 축일의 명칭들에서부터 잘 나타난다. 거룩한 원형 춤을 뜻하는 하그$^{Hāg}$라는 접두어가, 누룩을 넣지 않은 빵의 축일인 무교절$^{hag\ ha\text{-}Mazzôth}$ 또는 유월절과 칠칠절$^{hag\ ha\text{-}Kazir}$ 또는 오순절 및 수확의 명절인 수장절$^{hag\ ha\text{-}Asiph}$ 나아가 장막절의 초기 명칭들에 공통적으로 나타나고 있는 것이다.

유대인들이 이집트에서 노예생활을 하기 이전까지 유월절$^{Passover}$은 새로 태어난 아이나 양을 축하하는 봄 축제 가운데 하나였다. 이 축제는 춘분과 가장 가까운 달의 보름날 밤에 열렸으며, 악의 기운을 몰아내기 위해 양치기의 처소로 가는 입구에 제물로 바치는 양이나 염소의 피를 발랐고, 번제물을 함께 나누었으며 거룩한 춤을 추곤 하였다.[4]

후에 이 축제는, 보리를 추수하는 기간 동안 지켰던 누룩을 넣지 않은 빵의 축제**무교절**와 합쳐지게 되었고, 그 이후 이집트로부터의 해방을 상징하게 되었다. 유월절이라는 단어는 원래, '다소 절룩거리는 걸음걸이'를 의미했다. 그러니까, 새로 태어난 아이의 불완전한 걸음 걸이를 흉내내던 본래의 양치기 춤이, 후에 새 생명을 얻은 히브리 노예의 춤으로 변화되었던 것이다. 절룩거리는 걸음걸이를 묘사한 하그$^{Hāg}$라

 잃어버린 춤

는 단어가 사용된 이 춤은, 번제물을 바치던 제단 주변에서 추었던 것으로 추정된다. 칠칠절 혹은 오순절<sup>Pentecost</sup>은 유월절이 지난 7주 후, 보리추수가 끝나고 밀수확이 시작되는 시점에 거행되었다. 이 절기는 야훼와 그의 백성들 사이의 계약을 갱신하는 역사적 의미를 가지고 있다. 이 축제에서 거행된 의식, 곧 인도자가 누룩을 넣지 않은 빵 두 덩어리를 흔드는 종교적인 의식은, 땅의 열매를 하나님께 다시 돌려드리는 것을 표현하는 의식이었다. 유대교의 칠칠절은, 공동체의 종교적인 노래와 춤 공연이 함께 어우러진 기쁨으로 가득 찬 축제였다.

수확의 축제로 불리는 장막절<sup>the Feast of Tabernacles</sup>은 가을에 열리는 축제였다. 장막절의 축하행사에는 성전으로 향하는 행렬의 춤이 포함되어 있었고, 이 때 시편 81편의 첫 번째 부분이 찬송으로 불려졌다. 성전에 도착할 때까지 여인들은 나뭇가지를 흔들고 '여인들의 마당'에서 춤을 춘 다음에, 남자들의 의례인 횃불 춤을 구경하기 위해 모여들었다.

## 승리의 춤 Dances of Victory

전쟁에서 승리를 거둔 히브리 전사들은, 노래와 춤으로 자신들을 영접하는 여인들에 의해 환영을 받았다.

다윗이 골리앗을 죽인 다음 승리한 이스라엘군이 돌아올 때 이스라엘의 모든 성에서 여자들이 승전을 축하하여 소고와 경쇠를 가지고 나와 노래하고 춤추며 사울왕을 환영했는데 그들은 이렇게 노래하였다. "사울을 죽인 자는 수천 명이요 다윗이 죽인 자는 수만 명이라네.**삼상18:6-7**"

사사기 11장 29-40절은, "소고를 치고 춤을 추면서" 승리를 하고 돌아오는 자신의 아버지를 맞이하던 입다의 딸이, 목숨을 잃었던 슬픈 이야기를 들려준다. 그녀의 아버지 입다가 전쟁을 나가기 전, 이번 전쟁에서 승리를 거두게 해 주시면, 돌아오는 길에 처음 만나는 사람을 제물로 바치겠다고 서원했기 때문이었다.

유대 백성들을 홀로페르네스<sup>Holofernes</sup>로부터 구했던 유디트<sup>Judith</sup>는 "영광 가운데 춤을 추었던" 여인들에 의해 환호를 받았으며, "그녀는 올리브 잎으로 만든 화환을 쓰고 춤을 인도하였다… 이스라엘의 남자들은 갑옷을 입고 따랐으며 화관을 쓰고 찬송을 불렀다. **유디트서15:12-13**"

사사기 21장에서 우리는 젊은 이스라엘 여성의 약혼식 춤에 대한 언급을 발견한다. 『구약성서에서의 춤 *Dancing the Old Testament*』의 저자 코니 피셔**Connie Fisher**는 이 춤에 대하여 다음과 같이 아름답게 묘사하고 있다.

결혼할 나이의 딸들은 흰옷을 차려입고… 그들은 춤을 추면서, 아가서**솔로몬의 노래** 를 노래했다.

"전진하라, 시온의 딸들이여." 젊은 남자들은 무리를 지어 서서 여자들의 노래가락에 귀를 기울이며 춤추는 모습에 동요되었다: "매력적인 것은 사람의 눈을 속이는 것이며 아름다운 것은 허영심에서 비롯된 것이다. 하지만 주를 경외하는 여인은 높임을 받아야 한다." 한 명씩 한 명씩, 젊은 청년들은 여인들이 모여 있는 곳으로 걸음을 옮겨 자신들이 부인으로 삼고싶은 젊은 여인의 머리에 손을 대었다. 이것은 천박한 춤이 아니라 엄숙한 종교 예식이었으며 그 안에서 젊은 한 쌍은 자신들의 충정과 사랑에 대한 고백을 서로 주고 받았던 것이다.[5]

여러 날에 걸쳐 진행되었던 유대인의 결혼예식도 빼놓을 수 없다. 성대한 축제와 춤을 볼 수 있는 보기 드문 경우의 이 결혼예식에서 춤과 함께 불렀던 노래가 아가서에서 발견된다.

> 돌아보라, 돌아보라, 오, 술람미의 여인이여,
> 돌아보라, 돌아보라, 우리가 그대를 볼 수 있도록!**아7:1**

## 무아지경의 춤 Ecstatic Dancing

구약성서의 초기 예언자들은, 강력한 종교적 감정에 자극을 받아 황홀경에 빠지게 되면 하나님과의 신비한 연합으로 끝을 맺는 무아지경의 춤을 추곤 하였다. 사울을 보내면서 사무엘이 언급했던 예언자들에 관한 예화가 이에 해당하는 것이다.

> 당신이 그 곳에 도착하면 산당에서 떼지어 내려오는 예언자들을 만날 것이며, 그들은 내려오면서 피리를 불고 북을 치며 수금과 비파를 타면서 예언할 것이요. 그 때, 당신은 여호와의 성령에 완전히 사로잡혀 당신도 그들과 함께 예언하고 변하여 다른 사람이 될 것이오.**삼상10:5-6**

춤을 추는 예언자들과 사울의 만남은, 이후 사울의 왕권 형성 과정에서 큰 영향을 준 중대한 사건이었다.

우리는 구약성서를 통해, 성전에서의 제의적 움직임과 종교적 축제, 결혼식에서의 춤, 현대적인 사고에 있어 가장 문제가 될 수 있는 예언자들의 무아지경의 춤에 이르기까지 모든 형태의 춤을 발견한다. 어떤 작가는 자신의 책『이스라엘의 예언자 *The Prophets of Israel*』에서, "이스라엘의 예언자들은 무아지경에 빠진 사람들이 아니었다" 라는 소제목을 붙이기도 하였다.[6] 종교적인 자기만족과 자신의 능력을 과시하기 위해 온갖 신들의 이름으로 마법을 사용했던 바알의 거짓 예언자들과 이스라엘의 예언자들을 연결시키면서 무아지경이라는 단어를 사용해 왔기 때문이었다. 저자의 우려는 이해가 간다. 유대인의 예언자들은, 하나님이나 혹은 예언자들 자신을 자극할 필요가 없었다. 예언자들은, 하나님께서 전지전능하셔서 당신께서 원하시는 때와 장소에 나타나실 수 있을 뿐만 아니라 마술 같은 주술의 힘을 필요로 하지 않으신다는 사실을 잘 알고 있었다. 그러나, 구약성서를 꼼꼼히 읽어보면 유대 예언자들도 무아지경에서 춤을 추었으며, 이는 바알 예언자들의 그것과 같은 것이었음을 추정할 수 있다.

이스라엘의 예언자들이 무아지경에 빠지지 않았다고 단언하는 것은 무아지경이라는 단어의 진짜 의미를 버리는 것이며, 오늘날 우리의 경험 가운데 그 단어의 잠재적인 의미를 무시해 버리는 것이기도 하다. 무아지경<sup>ecstasy</sup>이라는 단어의 어원은 그리스어 엑스터시스<sup>ecstasis</sup>에서 왔다. 이것은 문자 그대로 자기를 잊고 있는 **탈아적 상태**상태를 의미한다. 모든 류의 진정한 종교적 춤은 다소의 무아지경 안에 존재한다. 그것은 탈아적이어서, 무용수가 춤을 추는 순간 자아를 잊게 되고, 대신 하나님으로 채워져 움직여지는 것을 허용하는 것이다. 게라르두스 반 델 레에우<sup>Gerardus van der Leeuw</sup>는, 황홀경의 춤이 공동체의 종교적 생활로부터 파생되었을 때, 자기 비움과 순종 그리고 하나님이 하나님 되시도록 허용하는 능력이 있음을 과감하게 주장한다. 나아가 그는 하나님과 함께 또는 하나님을 위해 춤을 추고자 하는 어느 누구라도 명심해야 하는 순종과 노력 사이의 깨어지기 쉬운 균형을 다음과 같이 지적한다.

춤이란 다른 모든 예술 장르와 마찬가지로 훈련과 지식을 요구한다. 하지만 마치 악기와도 같이 자신의 팔과 다리를 사용하는 (하나님의) 힘에 대한 순종이 아닌, 자신 스스로 잘 고안한 계획에 따라 춤추고 있다는 인상을 주는 무용수는 진정한 무용수가 아니다.[7]

 잃어버린 춤

미리암, 유디트 그리고 입다 딸의 춤처럼 다윗의 춤도 분명 무아지경의 춤이었다. 기쁨이 가득한 혼인예식에서의 춤과 마찬가지로, 무아지경의 춤은 유대인의 경험과 동떨어지지 않은 춤, 오히려 그 경험의 핵심에 가까운 춤이라 할 수 있다. 오늘날 우리가 그 전통을 받아들인다면, 예배에 많은 변화가 올 것이다. 즉, 사제가 성배를 들어올리고, 성찬을 마친 후 예배무용가가 묵상의 춤을 봉헌하고, 회중은 그리스도의 십자가가 갖는 의미의 깊이와 넓이와 높이에 대해 노래하고 춤추면서, 지금 내가 누군가에게 보여지고 있다는 자의식으로부터 벗어날 수 있다면, 움직임 자체가 주는 참자유함**해방성**을 맛보게 될 것이다.

# 6장

# 주교 암브로시우스와 동역자
## Bishop Ambrose and Company

**예수께서는** 경건한 유대인이셨다. 그래서, 하나님의 백성들의 생활에서 종교의식과 기도로 가득 찬 움직임이 얼마나 중요한 지를 잘 알고 계셨다. 예수께서는 마음에서 우러나오지 않는 것들을 위선적인 행동이라고 하셨으며**마23:5,28**, 죄를 깊이 뉘우치는 사람이 머리를 숙이고 그의 가슴을 치는 행위를 당연한 것으로 여기셨다.**눅 18:9-14**

초대교회 교부들의 글에서도 개인적인 기도나 예배기도 안에서 몸과 마음 그리고 영의 하나 됨에 대한 예수님의 관심이 계속적으로 반영되었다. 교부들의 여러 글에서 우리는, 성스러운 믿음과 감동의 표현수단으로서 몸의 자세나 몸짓 그리고 거룩한 춤에 관한 언급을 발견할 수 있다.

### 일어서기 Standing

일어서는 것은 유대인들이 기도를 드릴 때 취하는 일반적인 자세였다. 마가복음 11장 25절에서 예수께서 취하신 기도 자세가 그 대표적인 예다. 예수께서는, "너희가 기도하기 위해 일어섰을 때…"라고 말씀하시며 당신 스스로가 이러한 전통적인 방법으로 손을 들고 일어선 채 기도를 하셨다.

초기의 성찬의식에서 '일어선다'는 것은, 무덤에서 부활하신 예수님을 받아들이기 위한 그리스도인들의 자세였다. 서있다는 것은 앉는다는 것과 반대되는 보다 적극적인 자세로서, 땅으로부터 일어서는 움직임이다. 이것은 또한 경청하고 있음을 나타내 주는 몸짓이며, 주의를 기울이고 있는 것을 표현하는 동작이다. 또한 일어선다는 것은 전통적으로 존경의 표시이기도 했다. 그래서 터툴리아누스 Tertullian,160-225는 교회에서 앉아있는 사람들을 비난했다.

아주 높은 평판과 위엄을 지닌 사람의 면전에서 자리에 그냥 앉아 있는 것이 불경스러운 일이라면, 하물며 천사를 옆에 두신 살아계신 하나님 앞에서 그렇게 하는 것은 얼마나 불경스러운 일이겠는가?[1]

　니케아 신조 20항에는, "모든 이들은 하나님께 서서 기도 드려야 한다. 이는 주일과 성령강림절에 사람들이 무릎을 꿇는 문제 때문에 생긴 것으로, 일반적 규율의 준수를 위해 공의회에서 결정한 것이다."[2] 고 쓰여 있다. 같은 맥락에서 알렉산드리아의 클레멘트Clement of Alexandria,150-215는, 믿음이 있는 사람들은 손을 들고 머리를 하늘로 향하며 심지어 발끝까지도 세운 채 움직여야 한다고 말하면서 예배 기도를 위해 서있을 것을 제안했다.[3]

## 앉기 Sitting

　예배 중에 자리에 앉는 경우는, 문자 그대로 "앞에 앉는 사람he who sits before"을 의미했던 사회자presider와 어린아이 그리고 허약한 사람으로 제한되었었다. 16세기 전까지는 그리스도교회에 신도좌석이 도입되지 않았다.

## 무릎을 꿇고 엎드리기 Kneeling and Prostrating

　누가는 예수께서 겟세마네 동산에 올라 무릎을 꿇고 기도하셨다고 기록하고 있다. 눅22:41 그러나 마태는 똑같은 장면을 보도하면서 예수께서 기도 중에 엎드리셨다고 표현하고 있다. **마26:39** 초기 그리스도교 예배에서 무릎을 꿇는 행위는 개인적인 기도를 위한 자세로 제한되었고, 또한 참회자에게 요구되었던 공적인 자세였다. 무릎을 꿇는 자세는, 반종교개혁**the Counter-Reformation:성만찬에 임재하시는 그리스도에 대한 숭배를 강조하는** 시대까지는 모든 사람들에게 일반적으로 인정받고 통용되던 예배적인 몸짓은 아니었다.

아우구스티누스**Augustine,354-430**와 터툴리아누스는 주님의 날에 기도하는 자의 적절한 자세로 동쪽을 바라보고 서서 기도하는 자세를 제안했고, 그외 다른 경우에는 무릎을 꿇고 기도할 것을 제안했다. 아우구스티누스는 개인기도에 대해 다음과 같이 적고 있다. "기도하는 사람들은 자신들의 무릎을 고정시키고, 그들의 손을 뻗은 상태로 기도해야 한다. 그리고 꿇어 엎드릴 때에는 간청하는 사람들에게 적절한 방식의 자세를 취한다." 4

한편 터툴리아누스는 그리스도인의 삶과 기도하는 자세를 연관시키며 이렇게 제안하고 있다. "우리가 하나님 앞에 팔을 뻗고 무릎을 꿇을 때, 갈고리가 우리 안으로 파고들게 하라. 또한 십자가에 우리가 매달리도록 하고, 불길이 우리를 덮치도록 하며, 칼이 우리의 목을 자르도록 하라. 그리고 야생의 짐승들이 우리 위로 뛰어다니도록 하라: 그리스도인의 이러한 기도 자세는, 기도하는 자로 하여금 십자가의 고난에 대하여 마음의 준비를 하게 해 준다." [5] 또한 그는 금식일에 기도를 하는 사람들을 향하여, "겸손한 마음으로 무릎을 꿇고 엎드려 기도"할 것을 제안했다.

## 무릎꿇기 | Genuflection

　무릎을 꿇는 자세는 논쟁이 많은 행동이었다. 초대교회의 지도자들은, 그것이 원래 이교도의 신이나 세속적인 법에 의해 만들어졌기 때문에 권하지 않으려고 했다. 하지만 콘스탄티누스 황제 시대에 들어와 무릎을 꿇는 자세는 단지 존경을 표하는 것으로 받아들여졌다. 교회도, 황제가 무릎 꿇는 자세를 통해 존경받는 것을 인정하였다. 콘스탄티누스 황제 치하에서 성스러운 사람들이자 높은 지위의 사람들로 인정받았던 주교들 또한 하나님의 성전 안팎에서 무릎을 꿇는 자세로 인사를 받았다. 나아가 교회는, 제단이나 성인의 유골 그리고 성인들의 초상화와 같이 성스럽기는 하나 숭배를 받을 만하지 못한 대상에게까지도 이와 같은 행동을 성실하게 취할 것을 장려하였다. 그러나 8세기 이후까지, 무릎을 꿇는 행위는 그리스도인들에게 존경과 숭배의 의미

 잃어버린 춤

가 되지 못했다.[7]



## 손을 듦 Raising the Hands

하늘은 나의 보좌요.**이사야 66:1**

하나님의 보좌를 향하여 손을 드는 것은 유대인들 사이에서 자연스러운 몸짓이었다. 손을 드는 것이, 기도하는 그리스도인이 하나님의 보좌 우편에 앉아계신 그리스도를 가리킨다는 주장은, 무덤의 벽에서 발견된 오란테스**orantes**라고 불리는 형상에 의해 증명되었다. 디모데에게 보내는 자신의 첫 번째 편지에서 바울은, "그러므로 남자들은 화를 내거나 다투지 말고 어디서나 거룩한 손을 들어 기도하기 바랍니다**딤전2:8**"라고 적고있다.

로마의 성자 클레멘트**St.Clement of Rome**는 고린도 사람들에게, "우리 함께 그 분 앞에 나가서 거룩한 마음으로 깨끗하고 정결한 손을 그분께 올립시다"라고 적고있다.[8] 터툴리아누스는, "우리의 손을 올리는 것 뿐만 아니라, 손을 길게 뻗고 주님에 대한 열망을 표현합시다"라고 권면한다.[9] 하지만 터툴리아누스는, 손이나 눈을 절대 무례하게 올려서는 안

된다고 경고하기도 했다.[10]

## 성호 십자가의 표시 Sign of the Cross

성호 그리기는 이마와 눈 위에 작게 그려지다가 후에는 크게 그려져, 그리스도의 구원사역의 높이와 깊이 그리고 넓이를 자신의 몸으로 따르겠다는 결단의 상징적 행위가 되었다. 그 후로 성호 그리기는 거룩한 힘을 가진 중요한 기도 방식으로 믿어지게 되었다. 터툴리아누스는, 신자들이 일상 생활을 하면서 중요한 시기마다 성호를 그을 것을 권하였다. 아우구스티누스는,"믿는 자들이 세례 때의 물이나 기름부음을 받는 성유 또는 그들에게 자양분을 주는 희생제사 앞에서 그들의 이마 위에 십자가를 그리지 않으면 이 가운데 어느 하나도 온전하게 수행하지 못하는 것"이라고 말했다.[11]

## 안수 Laying On of Hands

예수께서는 치유와 축복을 위해 사람들에게 손을 얹으셨다. 이러한 행동은 이후 예수님의 제자들을 통해, 그들이 예수님의 이름으로 기도할 때에 계속되었다. 사도행전 13장 3절에서는, 사울과 바나바가 위임받은 사역에 앞서 안

 잃어버린 춤

수받는 장면이 기록되어 있다. 사도행전 19장 6절을 보면, 이미 요한으로부터 세례를 받았던 바울이 에베소의 제자들을 안수하는데, 그때 그들은 예수의 이름으로 세례를 받았고 또한성령을 받게 되었다. 사도행전 9장 17절에서는, 아나니아가 사울에게 안수를 하자 시력을 잃었던 사울이 시력을 되찾았다. 뿐만 아니라, 성령 충만하게 되어 선교를 위해 자신을 준비하게 되었다. 사도행전 28장 8절에는, 추장 보블리오의 아버지가 바울의 기도와 안수로 그 병이 치유되었다는 기사가 나온다.

이후 교회에서도 안수를 받아들였는데, 안수란 "축복, 구별, 숭배, 위임, 해결, 치유, 확인, 선언과 명령" 등 많은 의미를 내포하고 있다.[12]

## 가슴을 치기 Striking the Breast

마음속의 죄에 대한 슬픔을 표현하기 위해 가슴을 치는 몸짓은, 성 아우구스티누스에 의해 권면되었다.[13] 성 제롬 St.Jerome,342-420의 오래된 그림 중에는 그가 사막 한가운데에서 무릎을 꿇고 돌로 자신의 가슴을 치는 것이 있다. "그것은 고상한 몸짓이 아니라 정말로 강하게 내리치는 것"이었다. 이 때 가슴을 치는 행동은, 은총을 향해 자신을 열

기 위해 마음의 철옹성을 계속해서 내리치는 것을 의미한
다.[14]

## 평화의 인사 Sign of Peace

'움직임'이 표출하는 힘뿐만 아니라 그 내적인 감동까지 깨
달았던 아우구스티누스는, 신앙심이 좋은 사람들에게, "평
화의 인사를 주고 받으라. 그렇게 함으로써 자비를 얻게 될
것이다"라고 충고하였다.[15] 터툴리아누스는, 금식을 하는
동안 평화의 인사를 나누지 않았던 사람들을 비난하였다.
그는, "평화의 인사는 기도하는 사람에 대한 확증의 표시이
다. 그리고 우리의 기도는 평화의 인사를 통해 보다 높은
가치를 품게 된다"라고 말했다.[16] 나아가 그는 평화의 입맞
춤없이 예전의식은 완성될 수 없다고까지 말했다.

그 당시 평화의 입맞춤은, 아마도 입이나 볼에 하는 형태
는 아니었을 것이다. 그것은 지나친 친근함의 표시가 될 수
도 있다. 장소나 시간 또는 상황에 따라 한 사람이 다른 사
람의 손이나 심지어는 발이나 무릎에도 입을 맞추었을 것이
다. 동등한 위치의 사람들은 몸을 구부려 서로의 어깨에 입
을 맞추었을 것이다. 이러한 입맞춤의 형태는, 훗날 비잔틴
의 종교예식에서 사제들에 의해 몇몇 종교적인 관습으로 여

 잃어버린 춤

전히 행해지고 있다.[17]

## 춤 Dance

니싸**Nyssa**의 성 그레고리**St.Gregory,330-395**는, 법궤 앞에서 다윗이 춘 춤이 "격정적인 기쁨"을 의미한 것이며, 그의 영혼의 상태를 몸으로 분명히 표현한 것이었다고 말했다.[18] 성 암브로시우스**St.Ambrose,339-397**는, 다윗의 춤을 칭찬하면서 그것을 비난한 사람들에게 이렇게 논박하였다.

다윗은 주인 앞에 서 있는 시종과도 같이 행동하였다. 그는 하나님 앞에서 자신을 낮추고 왕의 권위를 내려놓음으로써 하나님을 기쁘시게 하였다 … 여전히 의심하는 자에게 복음증거를 듣게 하고자 말씀하셨다. … "우리는 너를 위해 연주하였거늘 너는 춤을 추지 않았다."… 더욱이 그들이 보았을 때 보기 흉했던 이러한 몸의 동작들은 종교적 측면에서 거룩하고 경건한 것이 되었고, 따라서 그것을 비난하는 사람들은 자신들의 영혼을 비난의 그물로 이끌었다. 이와 같이 미갈도 춤을 추는 다윗을 향해, "오늘 자신의 종들이 보는 앞에서 벗은 채 춤추는 이스라엘의 왕이 얼마나 훌륭한가"라고 비웃었다. 그러나 다윗은, "그가 네 아버지와 그의 온 집을 버리시고 나를 택하사 나를 야훼의 백성 이스라엘의 주권자로 삼으셨으니 내가 야훼 앞에서 뛰놀리라"고 그녀에게 대답했다.[19]

예배 때 추는 춤 공연에 관한 글 가운데 하나는, 순교자 유스티누스**Justin,100-165**로부터 나왔다.

> 이것은 단순히 혼자서 노래하는 것이 아니다. 이것은 교회에서 노래 부르거나 음악을 즐기는 것과 마찬가지로, 또는 함께 악기를 연주하는 것과 마찬가지로 즐거운 분위기에서 함께 춤추는 것이다.[20]

실제로 예배에서 추는 아이들의 춤은 소년 합창단에 수용되었다.

성 요하네스 크리소스토무스**Sts.John Chrysostom**와 테오도어**Theodoret** 그리고 여타 사람들은, 교회 내에서의 성스러운 원무**원형 춤**가 단순히 기쁨의 감정과 참여자들의 일치감을 나타낸 것만은 아니라고 주장했다. 그들은, 무용수들이 하나님의 천국 보좌 주위에서 춤을 추고 있는 성인들과 천사들의 춤을 이 땅에서 반영하고 있는 것이라고 보았다. 그러면서 크리소스토무스는, "하나님께서 우리에게 발을 주신 것은 수치스러운 일에 사용하라고 주신 것이 아니다. 하나님을 위해 천사들과 함께 원형의 춤을 추도록 하기 위해 주신 것이다"라고 말했다.[21]

이렇게 교회 성가대 내에서 이루어지는 원형의 춤은, 성스

러운 의례와 어우러져 신자들이 함께 춤추면서 보이지 않는 천사들을 모방하는 것을 가능하도록 하였다.[22]

나치안추스Nazianzus의 성 그레고리우스St.Gregory,329-89는 니싸Nyssa의 성 그레고리우스St.Gregory에게 글을 쓰면서, 순교자의 축제에서 지켜야 하는 예절을 다음과 같이 기술했다.

> 만일 우리가 그리스도에게 합당한 방법과 동시에 순교자들을 영예롭게 하는 방법으로 이 축제를 거행하기 위해 사람들을 모은다면, 우리는 승리를 뜻하는 원형의 춤을 추어야 한다. … 군중들은 소중한 피를 대하는 경건한 마음으로 순교자들을 위한 원형의 춤을 추어야 하는 것이다.[23]

나치안추스의 성 그레고리우스는, 황제인 줄리아누스에게 방탕한 춤을 금지하라고 청원했다. 그는, 황제와 그리스도인들에게 가치 있는 방법으로 하나님의 영광을 위해 춤을 출 것을 간곡히 부탁하였다.[24]

성 요하네스 크리소스토무스345-407는, 콘스탄티노플 그리스도인들의 '거룩한 영혼의 축제'에 대해 찬사를 아끼지 않았다.

사도 바울의 정신을 따라 원형의 춤을 춤으로써, 당신들은 절제를 통해 그날의 더 큰 부분을 함께 통과한 것이다. 이로 인해 당신의 유익이 두 배로 커진 것은, 첫째로 당신이 술에 취한 방탕의 춤을 삼가 했기 때문이며 두 번째로 당신이 가장 기쁘고 합당한 영적인 춤을 추었기 때문이다.[25]

성 크리소스토무스는, 주교들이 성스러운 교회 춤의 인도자였다고 기록했다.[26]

성 암브로시우스는 누가복음 7장 32절을 언급하면서, "춤이란, 다윗이 법궤 앞에서 춤을 추었던 것처럼 추어야 한다. 왜냐하면, 하나님에 대한 두려움으로 인해 뛰어오르는 모든 것이 가장 옳기 때문이다" 라고 적었다.[27] 또 한 번은 같은 구절을 언급하면서 다음과 같이 말하였다.

그러한 연고로 우리는 천국에서의 기쁨을 당신들에게 알렸고, 당신들은 크게 기뻐하였다. 이로 인해 주님께서는 우리에게 단순히 몸으로 원을 그리는 움직임이 아니라, 마음 가운데 신실한 믿음을 가지고 춤을 추도록 명하신다. 기쁨에 넘쳐 한 차례 몸으로 춤을 추는 사람은, 공중으로 도약하는 정도를 바꿈으로써 어떤 장소에 대한 경외심을 보이며, 타오르는 믿음과 함께 영으로 춤을 추는 사람은, 위로 올려짐과 동시에 천국에 대한 생각으로 인해 그것을 영광스럽게 한다.

 잃어버린 춤

그리고, 팔과 다리의 교차하는 움직임을 통해 앞으로 나아가며, 몸으로 춤을 추는 사람은 원형의 춤 가운데 참여할 권리를 얻는다. - 마찬가지로 영적인 춤을 추는 사람은 언제나 믿음의 환희 가운데 움직이면서, 모든 창조의 고리 안에서 춤을 출 권리를 얻는다.[28]

그리고 성 암브로시우스는, 시편 47장 2절을 언급하면서 다음과 같이 말했다. "다윗이, '모든 백성들아, 손뼉을 치라'라고 노래하면서 그가 뜻한 바는 무엇이었을까? 명백한 것은, 다윗이 춤을 추면서 박수를 쳤다는 사실이다…"[29]

초대교회 교부들은 또한, 춤에 사용되는 악기로서의 몸에 관하여 이렇게 기록하였다. 니싸의 성 그레고리우스는 몸에 관한 과도한 선입견은 기도하는 사람에게도 도움이 되지 않는다고 했다. 성서가 전하는 바도 그러하다는 것이다.[30] 그러나 성 바질리우스St.Basil는, 육체란 영혼과 연합될 때 극단적인 결과를 제외하고는 기도하는 이에게 무시될 수 없다는 점을 그의 독자에게 상기시켰다.[31] 그리고 아우구스티누스는, 몸을 비난하는 사람들에게, 몸을 비난하는 것은 조물주를 비난하는 것이라고 설교하였다.[32]

초대교회의 교부들은, 하나님께 영광을 드리기 보다는 인간이 즐기기 위한 춤과 인간을 찬양하기 위한 춤을 비판하는 점에서는 일치를 보았다. 심지어 아우구스티누스는, 성사에 참여하고자 원했던 어떤 극장 무용수에게조차 세례 주는 것을 반대하였다.[33] 교회마당에서 열린 순교자들이나 성인을 위한 축제 때에도, 심한 경우 음주와 외설적인 노래가 군무에 동반되는 일이 있었는데 이에 대해 교부들은 우려하고 비판하였다.

그러나 초대교회 교부들은, 그리스도인들이 자신의 몸을 성령의 전으로서 인정하면서 마음의 상태에 순응하여 몸의 자세를 가꾸고, 하나님의 영광을 위해 기뻐 춤추며, 몸으로 오신 하나님에 대한 믿음을, 그들의 춤과 더불어 부끄러워하지 않고 바깥으로 드러내기를 원했다. 우리는 이상의 글들을 통해 그 점을 명확하게 알 수 있다.

# 7장
# 완전한 **원**
### Full Circle

**지나친** 단순화일지 모르지만, 그럼에도 불구하고 초대교회 교부 시대부터 제2차 바티칸 공의회 시기 사이에 다양한 움직임의 변화가 일어났다는 점은 두 말할 필요도 없는 사실이다. 그 변화는 교회 안에서 그리고 춤의 세계 안에서 일어난 다양한 변화들로 일반적인 움직임에서 화려한 볼거리로, 직접적인 관계에서 간접적인 관계로, 능동적인 참여에서 수동적인 관람으로 진행된 변화들이었다.

예전의 고전적인 형태의 예배에서 성직자와 평신도는 은사 혹은 기능적인 면에서는 다르지만, 그 중요성에 있어서는 이들 모두가 동등하며 똑같이 능동적인 참가자들이었다. "사도시대와 초대교회 시대에는 성만찬 예식이 말이 아 닌 행위로 구성된, 가장 주된 활동으로 여겨졌다. 그리고 이러한 성만찬은, 사제들뿐만 아니라 예배 참여자들 모두 가 협력과 연합 안에서 공동으로 감당해야 하는 예식이라는 명확한 이해가 있었다."[1]

콘스탄티누스<sup>Constantine</sup>의 회심 이후, 그리스도교는 로마 의 국교가 되었고 성직자들은 평신도 위에 존재하면서 국 가에 속한 사람이 되었다. 선교활동을 통해 교회는 성장하 며 널리 퍼져갔으며, 이러한 성장은 예배 관행에 있어서도 변화를 초래하였다. 예배란, 하나님의 구속사역 가운데 성 직자와의 밀접한 협력 아래서 예배 참여자 스스로 봉헌하 는 것이라고 믿고 있었던 사람들에게, 이제 예배란 예배 참 여자의 협력 없이도 성직자들에 의해 수행될 수 있는 행위 가 되어 버렸고, 나아가 집안에서 이루어지던 소규모의 예 배 모임이 공공장소에서 이루어지는 대규모의 예배 모임으 로 바뀌게 되었다. 동시에 수도원 사제들의 수가 증가하고, 안식일 외에 매일 예배를 드리고자 하는 열망들이 강해지면 서 7,8세기에는 또 다른 현상이 나타났다. 즉, 사제들은 회 중이 아닌 개인 한 사람을 위한 '개인 예배<sup>Private Masses</sup>'를 드렸던 것인데, 수도원 내에서의 이러한 변화에 영향을 받은 수도원 밖의 교구 사제들은, 회중은 단순히 보고 듣기만하고 한 사람만이 예배를 드리는 "소 예배**low Masses**"를 주창하기 시작하였다. 그로 인해 기도하는 사람들은, 알아들을 수 없는 목소리로 '비밀스럽게' 말하게 되었고, 머지않아 자신들의 아주 개인적인 기도를 구하기 위한 소수의 사람들만 회중석에 남게 되었다.

전통적인 예배의 형태에서는, 회중과 사제들의 능동적 참여로 '많은 양의 움직임'들이 있어 왔다.[2] 그러나 개인 예배 혹은 소 예배로의 발전은 움직임을 축소하는 원인이 되었다.[3] 반복적으로 무릎 꿇기, 가슴을 치기, 제단이나 예배경본에 입을 맞추는 등의 알레고리적인 의미를 지닌 몸짓이 늘어나면서 종국에는 그것들이 복잡하게 정교화 되기에 이르렀다. 이 '움직임'의 주안점은, 축성을 할 때 거룩한 성체를 높이 드는 것이었다. 사람들은 성체를 받기 위해 오는 것이 아니라, 그 '움직임'의 순간을 보기 위해 왔고, 이 모습을 보기 위해 때때로 이 교회에서 저 교회로 뛰어다니기도 하였다. 실제로 9세기에 이르러서는, 사제 혼자서 영성체를 받는 것이 일반적이었다. 그 결과 모든 평신도들은 적어도 일 년에 한번, 부활절에는 영성체를 받아야 한다는 규칙이

제정될 필요가 생겼던 것이다.[4]

예배에서 회중의 역할이 점점 적어지는 일반적인 경향에도 불구하고, 움직임과 관련된 매우 의미 있는 증거들이 곳곳에 있다. 7세기 프랑스의 갈리칸<sup>Gallican</sup> 성찬식은 성만찬의 기도를 포함하고 있었는데, 그 기도문에는 다음과 같은 내용이 들어 있다.

> 우리는 전지전능하신 하나님께 간절히 원합니다. 우리를 모든 유혹에서 건져주시고 모든 갈등 안에서 우리를 도와주시기를 … 그리하여 우리가 하나님을 진정으로 찬양하며 당신 앞에서 깨끗한 마음으로 춤을 추고, 온 힘을 다해 당신을 섬기기를 원합니다.[5]

모이삭<sup>Moissac</sup> 수도원의 10세기 성가집에는, 부활절 아침 예배 때 부르는 다음과 같은 성가구절이 수록되어 있다.

> 그분의 삶, 그분의 말씀과 기적,
> 그분의 놀라운 죽음이 이것을 증명했습니다.
> 회중이 거룩함을 찬양합니다.
> 와서 원형의 춤<sup>ring-dances</sup>의 주인이신 이를 보십시오![6]

또한 우리는 예배에서 공적으로 춤을 출 것을 독려했던 여러 자료들을 발견하게 된다. 7세기에 톨레도 공의회<sup>the Council of Toledo</sup>는, 세빌리아의 대주교인 이시도르<sup>Isidore</sup>에게 경건하고 아름다운 예배안무를 권장하였다. 그 결과로, 톨레도의 일곱 교회에서 행해졌던 모자라빅<sup>Mozarabic</sup> 의식이 만들어졌다. 이 의식은 오늘날에도 세빌리아의 교회에서 그 모습을 발견할 수 있다. 마가렛<sup>Margaret Fisk Taylor</sup>은, ⟨여섯 명의 소년 성가대원의 춤<sup>los seises</sup>⟩에 대해 다음과 같이 묘사했다.

성가대원의 춤인 모자르비<sup>Mozarbe</sup>는 1439년, 교황 유게니우스<sup>Eugenius</sup> 9세의 교서에 따라 성가대의 춤을 포함했던 예배를 인정하게 되면서 알려졌다. 그 당시에, 원래 여섯 명의 소년 합창단이던 성가대는 천사분장을 하고 제단 위에 있는 궤 앞에서 춤을 추었다. 의상은 짧고 통이 넓은 무어식<sup>Moorish</sup> 재단의 속바지와 꼭 끼는 외투, 맨머리 위에는 한데 감긴 화관 그리고 어깨에는 금박을 입힌 날개로 이루어졌다. 춤을 추는 소년 성가 대원들은, 195년 알렉산드리아의 클레멘트의 글과 매우 유사하게도, 천국에서 축복 받은 춤을 위해 교회 성가대로 내려온 하늘나라의 천사를 표현하였다. 이것은 훗날, 르네상스 시대의 남자아이 의상으로 차용되었으며 오늘날까지 오랜 관행으로 남아있다. 합창단의 소년들은

빨간 외투와 짧은 노란 바지, 빨간 스타킹 그리고 추가 달린
모자를 착용하였다.[7]


17세기 후반이 다 되어서 〈소년성가대원의 춤〉은, 세빌리
아의 대주교 팔라폭스Palafox에 의해 금지되었다. 금지조치
에 놀란 세빌리아의 주민들은, 소년들을 로마로 보내어 교
황 앞에서 춤을 추도록 하기 위해 필요한 돈을 모금하였다.
전하는 바에 의하면 교황은, "이 아이들의 춤에서 나는 하나
님께 무례한 그 어떤 것도  찾아볼 수가 없었다. 아이들로
하여금 높은 제단 앞에서 계속하여 춤을 추도록 하라"고 말
하였다.[8]

소년들은, 마리아의 잉태축제일과 참회화요일 그리고 성
체 축일과 축복된 성례전에서 계속하여 춤을 추었다. 그들
의 춤과 함께 연주되었던 음악은 상황과 연령에 따라 다양
하였는데, 1690년 대교회The Cathedral의 한 방문객은 다음
의 노래를 기록하였다.


(계속 서서)
우리는 생명의 양식을 믿습니다.
예수님께로부터 우리에게 오는 넘치는 기쁨,
우리의 춤으로 그 분께 기원합니다,

세례를 주는 이가 기원했던 것처럼.
(춤을 추며)
그러므로 이 춤으로
우리는 확고한 우리들의 믿음을 더욱 강하게 합니다.
모든 음악에 맞추어![9]

중세와 르네상스 시대에는, 많은 교회에서 사람들과 사제들이 춤을 추었던 증거가 이 모양 저 모양으로 남아 있다. 이제 교회뿐 아니라 심지어 지성소에서도 추었던 세 가지 춤에 대해 살펴 보고자 한다.

## 미로의 춤labyrinth Dances

가장 빨리는 4세기부터지만, 11세기에 이르러서 현저하게 미로가 교회마루 위에 종종 만들어지곤 하였다. 교회에 설치된 미로는, 테세우스Theseus가 등장하는 크레타 섬의 전설 하나를 상기시킨다. 테세우스는, 미노타우로스Minotaur를 죽이고 포로들을 살리기 위해 미궁으로 들어갔다고 전해지는데, 여기서 미노타우로스는 사탄으로, 테세우스는 그리스도로 그려지곤 하였다. 결론적으로 미궁으로의 여행을 상징하는 미로를 통해 그곳에 사로잡힌 사람들을 구하기 위해 지하로 내려간 테세우스와 강림하신 그리스도를 동일시하게 되었다. 마가렛**Margaret Fisk Taylor**은 1478년, 교회에서의 <미로 춤>에 관한 규정을 아래와 같이 인용하였다.

그 후에 예수님을 기념하기 위한 엄숙한 행렬이 뒤따른다. 이는 예수께서 무덤에서 다시 살아나신 후, 환희와 춤 그리고 희망으로 가득 찬 천국으로 우리를 이끄심을 상징한다. 예수께서는 많은 영혼의 해방을 위하여 음악과 춤을 소개하시고, 자신의 영화로운 승리 후에, 하나님의 불멸의 아들을 제외하고는 어느 누구도 부를 수 없는 노래를 사람들에게 불러주신다. 그리고, 행복하고 영적 완벽함으로 덧입혀진 우리는 모두 엄숙한 원형의 춤을 인도하는 우리의 가장 높으신 주인을 따른다.[10]

때로 교회의 미로는, 비신앙적인 일들로 인해 예루살렘으로 가는 것이 불가능했던 순례자들을 도와, 마치 그들이 "예루살렘으로 가는 길" 위에 있는 것처럼 그들로 하여금 그 길을 따라 걷고 기어가도록 하였다.[11]

1929년에 와서도, 샤르트르**Chartres**에 있는 대교회의 방문객들이 여전히 미로에서 묵주기도 예식을 수행했다는 보고가 있다.[12] 1983년에 발행된 《포물선**Parabola**》에서 트라버스**P.L. Travers**는, 바로 그 대교회의 미로를 방문했던 이야기를 전해 준다. 그녀는, 미로에 대한 그리스도인의 본래적

해석과, 미로와 관련하여 잃어버린 춤을 언급했다.

얼마 전 기하학자인 내 친구 한 명이, 샤르트르에서 그가 조사를 하는 동안 미로를 걸을 수 있도록 나와 그의 제자들을 초대하였다. 그는, 최근 몇 세기 동안 대교회의 성직자들이 미로를 이교도의 상징으로 여겨, 추기경의 권한으로 자신들의 성전이 더렵혀지지 않도록 하기 위해 평신도들로부터 격리시켜왔던 바로 그 미로를 조사하였다 … 그들은 심지어, 부활절에 미로를 통과하는 원형의 춤을 인도하기 위해, 주교까지 참여했었던 자신들의 고대 종교의식조차 자신들의 마음에서 지워내 버렸다. 그러나 성직자가, - 아마도 시작단계에서부터 - 제단 앞에 도달하기까지 그 미로를 밟는 모든 순례자들 앞에서 수행하고 있었음은 말할 것도 없는 사실이다.[13]

오늘날 우리들은, 이곳 툭손Tucson에 있는 성 니콜라스 센터에서 야퀴Yaqui족이 벽에 그린 고대의 종교적인 춤의 형태이자 현대적인 미궁인 "미로 속에 있는 사람"을 발견할 수 있다.

펠로타The Pelota

펠로타란, 새롭게 도입된 교회의 법령집에 따라 프랑스 여러 곳에서 성직자들에 의해 부활절에 미로에서 공연되었던 춤이다. 춤이 시작되면서 한 무리가 부활절 찬양을 부르면서 미로를 따라 움직일 때, 양손으로 충분히 잡을 수 있는 크기의 공이 무용수들 사이에 건네진다. 그렇게 공이 건네지면서 무리가 미로를 선회하는 동안 각 무용수들은 때때로 그들 자신의 몸을 축으로 하여 한 바퀴 회전을 한다. 이 춤은, 한 해를 통과하는 태양의 움직임과 그 '열정'을 표상하는 것으로 여겨졌다.[14]

펠로타는 성직자의 춤이었다. 춤은 사람을 평등하게 만드는 대단한 장치였음에도, 초대교회 교부들의 시대로부터 시작하여 점차 성직자와 일반인들이 따로 떨어져서 춤을 추는 모습을 더 많이 보게 되었다. 크리소스토무스는, 4세기까지만 해도 주교들이 교회 안에서 춤으로 자신의 신도들을 이끌었다고 기록했으나, 그 이후에 성직자들은 교회 안에서 자신들의 우월한 입지를 주장하고 유지하기 위해 평신도들과 따로 떨어져서 춤을 추곤 했다.


## 엑터나흐 Ecternach

룩셈부르크에 있는 성 윌리브로드 St.Willibrord 교회로 향하는 도약 춤 the hopping dance 과 행렬은 14세기경부터 기록에 나타나고 있으며, 20세기인 오늘날까지도 이어지고 있다. 성직자들과 이동 현수막, 커다란 촛대와 행렬의 선두에 서는 십자가 그리고 수천 명에 달하는 춤추는 순례자들과 아이들이 뒤따랐던 행렬은, 엑터나흐 마을 밖에서 시작하여 마을 안에 있는 교회로 가는 길을 따라 이동했다. 교회로 들어가면서, "행렬은 소위 말하는 복음서 편 즉 오른 쪽에서 춤을 춘다. 또한 행렬은 성가대와 함께 높은 제단에 이를 때까지 춤추기를 계속한다. 많은 이들은 성인의 무덤을 보고는 눈물을 터뜨린다. 그들은 제단 앞에 무릎을 꿇고 그것을 껴안고 그 벽에 입을 맞추며 화환, 메달, 그림, 책 등을 그 위에 올려놓는다. 그런 다음 행렬은 제단 주변과 서신서편, 즉 왼쪽 통로를 따라 춤을 추면서, 교회 밖으로 나와 교회마당 주변의 큰 십자가 주위에서 원을 세 번 그리며 계속 춤춘다."15

아래의 찬송이 춤과 함께 곁들여졌다.


오늘
예수님의 영광 가운데
모든 곳에서
모든 믿는 자들이
멋진 춤과 magna tripudio

가장 경외하는 마음으로
아름다운 사제
성 윌리브로더스<sup>St.Willibrordus</sup>를 찬양하네.[16]

그리스도교회 안에서의 여러 역사적인 행렬의식에 관해 주석하였던 레에우<sup>Gerardus van der Leeuw</sup>는 우리에게, 행렬을 춤 이상의 그 어떤 무언가로 생각하지 말라고 경고한다. 행렬은 그 자체로 줄을 지어 추는 춤이라는 것이다. 성체 대축일<sup>Corpus Christi</sup>행렬은 그렇게 교회 내에서 오랜 전통을 지켜왔다. 테일러<sup>Taylor</sup>는, "이러한 행렬은 원래 참가자들에게 있어 이동하면서 추는 춤 이상의 그 어떠한 것도 아니었으며, 특정한 형식을 따르는 참여자들은, 리듬에 맞춰 흔들며 허리를 구부리고 또한 공중으로 꽃을 던졌다"고 쓰고 있다.[17]

행렬은 성 윌리브로더스를 기념하는 공동체의 의미있는 움직임으로서, 축복 받은 성례전에서 하나님께 영광을 돌리기에 좋은 방법이다. 그런데, 이제 대부분의 교회 행렬은 성직자들에 의해서만 행해지며, 행렬의 현대적인 적용은 시위나 행진에 제한되고 있다. 시위나 행진에 참여하였던 사람들은, 그 참여가 그들에게 "종교적인 경험"이었다고 말하는 것으로 알려졌다. 이는 "믿음의 공동체"가 하나의 통일된 믿음의 춤으로 공동체 의식을 고양시킬 수 있다는 좋은 증거이다. 종려나무 가지를 흔들며 시작되는 종려주일과 고난주간의 행렬은, 아직도 교회 공동체 전체가 참여하는 행렬이라고 기억되고 있다. 그러나 오늘날의 교회에서는 전체 회중의 손에서 종려나무 가지를 빼앗아 버렸고, 단지 몇몇의 교회 대표들만을 뽑아 그 행렬에 참여시키고 있다. 물론 이렇게 하는 데는 매우 논리적이고 실용적인 이유가 있기는 하다. 전체 회중이 행렬에 참여할 경우 아마 매우 오랜 시간이 걸릴 것이고**만일 예배가 보통 때보다 오래 걸릴 것이라고 생각한다면 사람들은 오지 않을 것이다** 또한 과도하게 조직화될 것이며**누가 모든 사람들을 하나의 줄에 세울 것인가?** 나아가 매우 산만하고 지저분해질 것이라는 이유들 때문이다. **누가 아이들이 줄줄이 떨어뜨린 종려 나뭇잎을 주우려고 할 것인가?** 결국 오늘날의 회중은 예배의 자리에서 구경꾼으로 전락하고 말았다.

미로와 펠로타 그리고 행렬의 춤과 더불어 결혼식, 세례식, 안수식 등의 예식에 사용되는 많은 춤이 있었다. 이 춤들도 역시, 중세와 르네상스 시대를 거치면서 주요 행사 때마다 교회와 교회 마당에서 추었던 춤들이다. 중세시대 수도자들의 공동체는, 기도하는 사람과 그들의 규율 잡힌 공동체 예배에 춤이 도움이 될 수 있다는 사실을 발견하였다. 프랑스인 신부 토디Fra Jacaponeda Todi는, "오, 주를 사모하는 모든 사람들이 주님의 헌신적 사랑을 노래하는 춤에 참여할 지어다"라고 썼다.[18] 빌라소Villaceaux의 수녀들은 막달라 마리아Mary Magdalene의 거룩한 순결 축제를 춤으로 축하하였다. 르네상스 시기에 이르러서, 몸의 움직임과 춤의 이미지는 교회와 예배를 위한 예술작품으로 승화되어 나타났다. 도나텔로 보티첼리Donatello Botticelli와 프라 안젤로 Fra Angelo는 천사들과 성인들을 그렸고, 천국에서의 구원받은 춤을 형상화 했다. 미켈란젤로Michelangelo와 다른 화가들은, 당시에 일반적이었던 고정된 자세보다는 동작을 취하고 있는 인간의 모습을 조각하기 시작하였다.

그렇다고 교회의 모든 춤이 거룩하다고 인정받은 것은 아니다. 그 시작부터 무절제와 오용의 사례가 있었고, 따라서 공적인 비난을 불러오기도 하였다. 539년에 회집된 톨레도 공의회는, 성인들의 축일 전야와 속죄일이 있는 당일에 교회 마당에서 춤추는 것을 금지시켰다. 6세기 말엽에 힐데베르트 2세Childebert II왕은, 교회축제의 밤을 지새우는 동안, 춤과 노래 그리고 음주를 금할 것을 칙서로 반포하였다.[19] 이 시기 이후부터 공의회는, 분쟁이나 심지어는 살인까지도 초래했던 싸움, 음주, 음탕한 노래 부르기, 오락 그리고 이러한 것들의 원인이 되었던 교회의 춤을 중단시키려고 노력하였다.[20]

633년에 회집된 톨레도 공의회는, 이교에서 기원한 대중 축제 혹은 '저급한 그리스도교 신앙과 어리석은 마술적 개념의 혼합물'인 '바보들의 축제the Feast of Fools'에서의 외설적인 노래와 춤을 금지하는 법을 제정하였다.[21]

그러나 교회는, 세속적인 춤과 교회 춤 안에서의 악습에 대해 비판적인 입장을 취하면서도 동시에 자신의 춤을 만들고 있었다. 예전 의식은 점점 더 복잡해졌는데, 행렬과 신비 그리고 도덕적 연극과 의식용 춤으로 가득해졌다. 여기서 우리는, 세속적인 목적이나 육체적 쾌락을 위해서 춤이 사용될 경우 문제가 되었던 것이지, 예배에서 춤 추는 행위 자체가 문제가 된 것은 아니라는 사실을 기억해야 할 것이다.

16세기 후반에서 17세기에 이르는 동안, 예배의 발전에 영향을 주었던 몇 가지 일들이 일어났다. 트리엔트 공의회the Council of Trent와 궁중무용극의 중요성 증가, 그리고 그것이 움직임의 예술에 미쳤던 영향들인데, 로마의 성무일과

서Roman Breviary,1568, 예배 경본Missal,1570, 주교의 제의
Pontifical,1596 그리고 의례Ritual,1614에 관한 자료들이 여기
에 포함된다. 이로써 제 2차 바티칸 공의회 이전까지의 **솔
레메스solesmes 같은 곳에서 발생한 일의 현저한 예외성과 더불어**가톨릭
교회에서의 예배 발전의 역사는 마무리 되었다. 비록 종교
예식들이 성직자들에 의해서 거행되기는 했지만, 그 의식
안에 존재해 오던 유연성은 이제는 지나간 일이 되었다. 모
든 행위와 몸짓들이 법규에 의해 명확하게 규정되었고, 생
명력 가득했던 움직임들은 형식주의로 대치되어 버렸다.

우리가 트리엔트 공의회에 대해 너무 비판적이지 않도록,
트리엔트 공의회는 대내외적으로 수많은 공격을 받았던 하
나의 공의회였다는 사실을 기억해야 한다. 공의회 안에는
이전의 관행과 관련하여 많은 이단적 주장과 독설로 가득하
였다. 특히 인쇄술이 발명되기 전까지는 전례문과 기도문
의 복사가 손으로 이루어졌기 때문에 옮겨적는 과정에서 실
수가 많았고 전례문의 경우 많은 개작이 있었다. 그러나 인
쇄술의 발명과 더불어 공의회는, 혼란을 종식시키고 질서
를 유지하는 데 필요하다고 판단되는 일을 할 수 있게 되었
다. 그것은 바로, 단 하나의 공식적인 개정예배경본의 인쇄
및 출판이었다. 그러나 공의회는, 예전의 발전에 있어 매우

 잃어버린 춤

중요한 초기 기록에는 접근할 수 없었기 때문에, 초대 교회의 교부들에게는 낯선 다른 지방의 몇 가지 의례들을 새로 구성된 예배경본에 규범화하여 포함시켰다. 그렇다고 해서 공의회의 모든 노력을 불신할 수는 없다. 공의회는, 그 당시 저들이 처한 환경 가운데서 할 수 있었던 최선을 다했다. 트리엔트 공의회는, 로날드 녹스**Ronald Knox**가 "의례춤의 한 형태"[22]라고 불렀던 예배 예전문을 만들어냈다. 그리고 이 예전문은 두 명의 저명한 학자들을 배출하는 데 중요한 동기가 되었다.

예전 문헌은 모든 곳에서 인정 되었다. 그러나 그 어떤 교회에서도 예배가 몸의 움직임을 이용한 예술이라는 주장이 받아들여지지 않았다. 이것이 뉴만**Newman**이 장엄미사**high mass**에서 '거룩한 춤'을 추는 사제의 움직임에 대하여 기술한 이유이다.[23]

법궤 앞에서 느린 동작으로 춤을 추는 장엄미사보다 아름다운 것은 없다. 또한 하늘나라의 주인들이 행렬을 지어 전진하는 것보다 장엄한 것은 없다. 하지만 예배 공동체로서의 교회는, 예배를 심미적 아름다움이나 마음의 감동을 추구하는 수단으로 사용하지 않는다. 교회가 갖는 단 하나의 목적은 예배 그 자체이며, 바로 그 예배로부터 아름다움이 넘쳐 흐르게 되는 것이다.[24]

15세기에서 17세기에 이르는 동안 춤과 함께 예배 안에서도 비슷한 정도의 발전이 있어 왔다. 이 중에서 춤의 발전은 15세기에 시작하였지만, 17세기에 와서야 확고하게 자리가 잡혔다. "우리는 아마도 세계 역사상 처음으로 인간의 문화에 있어 능동적인 것과 수동적인 것 사이, 창작자와 관객 사이 그리고 예술가와 청중 사이에 분명하고 강력한 구분을 가지게 되었다. 춤에 있어서 이러한 현상은, 무용극의 중요성이 높아졌다는 것을 의미한다 … 한가로운 비전문가들의 오락이었던 춤이 전문직 무용수들의 진지한 작업으로 발전한 것이다." 지금까지의 참여자들은 이제 돈을 지불하는 청중으로 그 위치가 바뀌었다. 자유롭고 자연스러웠던 표현은 엄격하고 인위적인 표현에 그 자리를 양보했다.[25] 그것은 아마도 최근『성례전과 거룩한 예배를 위한 회중 *the Congregation for the Sacraments and Divine Worship*』에서 저자가 밝혔듯이, 무용극 자체가 상류사회 사람들을 위한 극장무대의 볼거리로 자리매김 되어간 역사적 흐름과 무관하지 않을 것이다.

소위 예술적인 무용극을 예배 안에서 소개하려는 의도는 받아들여질 수 없었다. 왜냐하면, 예배에 있어서 포기할 수 없는 규범이란 '참여'인데 반해, 예술적인 무용극의 동기와 규범은 사람

들에게 '보여주기'였기 때문이다.[26]

제 2차 바티칸공의회는, 예배에 춤을 도입할 경우 사제와 온 회중이 함께 참여해야 한다고 명시하고 있다. 예배 참여자들이 실제적으로 그 춤에 참여해야 한다는 뜻이다. 바꾸어 말하면 회중을 단지 구경꾼의 역할로 남겨두어서는 안 된다는 것이다.

춤추는 사람을 무대에 고립시킬 뿐만 아니라, 모든 춤은 무대에서 공연되는 것이어야 한다는 전제 아래 몸의 움직임에 대한 용어들을 만들어냈던 역사는, 비단 무용극에만 한정되는 것이 아니었다. 많은 춤의 양식과 움직임이 지금의 무용극의 흐름을 뒤따라왔다. 따라서 오늘날의 예배무용가는, '함께 참여하는' 방법을 찾아내야 하며, 나아가 춤과 춤예배 안으로 예배 참여자들을 이끌어낼 수 있는 방법 또한 찾아내야 한다. 이것이, '적극적인 참여'라는 원칙에 부합하는 일이기 때문이다. 이것은, 틀에 박힌 춤의 세계에서는 거의 알려지지 않은 기술과 정신을 필요로 한다. 나아가 이러한 작업은, 가식이나 인위성이 섞이지 않은 자연스러운 움직임의 어휘를 필요로 한다.[27] 이러한 몸의 움직임은, 단지 아름다운 모습을 드러내는 것 이상의 의미를 지닌다. 공연자로서 또한 격리된 무용수가 아닌 회중과 함께 하는 예배무용가의 움직임은, 가슴과 마음과 몸으로 어우러지는 신련과 진정의 몸짓이다.

다행한 일은, 춤으로서의 예배, 그리고 예배에 드려지는 움직임의 예술 모두, 본래의 자리로 되돌아오고 있다는 사실이다. 춤으로 드리는 예배는 예배 참여자들이 직접 참여하는 춤에서 구경거리로 퇴보했었으나, 지금은 다시 예배 참여자 모두가 함께 참여하는 공동체의 춤 예배로 되돌아오고 있다. 움직임의 예술 또한 "거룩한 행위와 제사장직 … 그리고 예배에 참여한 모든 이들의 매우 진지한 행동"[28]으로 시작되었지만 한 때 구경거리로 전락했다가, 지금은 본래의 모습으로 되돌아가려고 애를 쓰고 있다. "법궤 앞에서의 춤"은 이미 사라져 잃어버린 춤이 되었지만, 이제는 그 춤을 위한 책임이 성직자들뿐만 아니라 하나님을 믿는 모든 이들의 어깨 위에 놓여져 있다. 이제는 예배에 참여한 모든 이들이 예식, 예술, 몸의 움직임과 몸짓을 통해 은총 가득한 예배에 적극적으로 참여할 것을 요구받고 있다. 오늘 날 움직임을 통해 예배에 참여하는 예술가의 임무는, 이러한 작업과 참여가 용이하도록 춤과 움직임의 흐름을 고안해 내는 것이며, 씨줄과 날줄을 엮어 천을 짜듯이 예배춤을 새롭게 짜아가는 것이다.

 잃어버린 춤

# 8장

# 문헌들이
# 말하고자 하는 것은 무엇인가?
## What Do the Documents Say?

**제 2차** 바티칸 공의회 이후 발행된 교회의 문헌은, 예배를 위해 모이는 그리스도교 공동체가 회중 예배의 주체로서 의식적으로 온전하게, 그리고 능동적으로 참여해야 할 것을 곳곳에서 촉구하고 있다. 또한 예배기도에 관하여는, 그 외적인 형태와 내적인 의지가 조화를 이루어야 한다고 제안한다. 1963년에 발표된 『거룩한 예배에 관한 헌장The Constitution on the Sacred Liturgy』은, "내적으로나 외적으로" 그리고 능동적으로 예배에 참여하자고 초대한다. 또한 예배를 인도하는 목자들은, 부지런하고 참을성 있게 신자들의 능동적 참여를 위하여 힘써야 한다고 강조한다

**19항** .『거룩한 예배에 관한 헌장』30항은, "신자들의 능동적 참여를 독려하기 위해, 회중의 환호, 응답, 시편찬양, 교송 그리고 성가부르기와 함께 행동, 동작, 몸가짐 등을 올바르게 하도록 하며", 합당한 때에는 거룩한 침묵을 지켜야 한다고 규정하고 있다.

그 문헌이 선포된 이후, 회중의 환호, 응답, 시편찬양, 교송 그리고 공동체의 찬양과 이러한 예배를 인도하는 이들의 훈련을 위하여 많은 노력을 기울여 왔다. 그러나, 예전적인 행동과 몸짓 그리고 몸가짐을 도출해 내거나 다듬기 위한 노력은 전혀 없었다. 예배 인도자들이, 저명한 학자 조셉 정만Josef Jungmann의 논의에도 반영되어 있는 행동, 몸짓 그리고 몸가짐에 관한 경고를 간과하고 무시하였던 것이다. 조셉의 논평은 다음과 같다.

> 30항의 규정은 신실한 회중을 위한 것으로 예배에서의 참여 요소들을 나열하고 있다. 그 요소들의 범위는 예부터 회중의 참여에 있어 대중적인 형태였던 '회중의 환호'로부터 시편찬양과 성가부르기까지이다.[1]

1963년 이후로, 몸의 움직임과 기도 자세의 중요성은 계속해서 강조되었다.『로마 예배경본 총지침 *General Instrustion*

 잃어버린 춤

*on the New Roman Missal*[1969]』에서는, '마음과 몸'의 참여[3항]를 요구하며 나아가 내면의 영성을 촉진시키는 행동과 몸짓을 권장한다[20항]. 이 문서는, 믿음을 가진 모든 신자들이 수행해야 하는 공동의 몸짓과 행동, 그리고 점점 더 명확해지는 공동체의 일치에 대해 이야기한다[62항].

『가톨릭 예배에서의 음악 *Music in Catholic Worship*[1971]』에서는, "예배 공동체가 몸짓으로 그들 자신을 의미있게 연관시킬 때 진정한 예배가 된다[3항]"고 상기시키고, "태도나 스타일 그리고 집례자의 행동만큼 예배에 영향을 줄 수 있는 것은 없다[20항]"고 지적한다. 그리고 우리의 신앙을 자극하고 키우는 동시에 그 신앙을 몸으로 표현하도록 도와 주는 상징과 표식들이 갖는 힘에 대해 강조하고 있다[5항].

『어린이들과 함께하는 예배를 위한 지침 *Directory for Masses with Children*[1973]』은, 전인적 행위로서의 예배의 본질을 다루고 있다. 다시 말해 예배에서의 몸짓, 태도 그리고 행동이 매우 중요하다는 것이다[33항]. 그래서 예배에 참여한 어린이들도, 입장, 복음 환호, 봉헌 그리고 성찬식 에서의 행렬에 다양한 몸짓으로 참여할 것을 요구한다[34항].

『성만찬 예배에 관한 지침 *Instruction on Eucharistic Worship*[1967]』은, 성체축일에 드리는 예배에서는, 모든 회중

과 함께 참여하는 성찬식 행렬을 예배 순서에 넣어보도록
주교들에게 권면한다[59항].

『가톨릭 예배에서의 환경과 예술 *Environment and Art in
Catholic Worship*[1978]』에는, '예배에서의 예술과 몸짓언어'라
는 제목의 장이 있는데, 여기서는 "일반적인 동작"이라도
"비범한 감수성"을 통해 이루어지고 있음에 틀림이 없고,
따라서 집례하는 성직자의 몸짓은 회중공동체를 사로잡거
나 고립시키는 힘을 갖는다고 말한다. 이 문서는 또한 "몸
의 움직임[춤]을 통한 행진과 연출은, 만일 그것이 전체적인
예배에 유익을 주는 방법으로 진정 유능한 사람들에 의해
인도된다면 예전과 예배에 있어 중요한 부분이 될 수 있다"
는 것과, "그러한 움직임을 위한 예배공간은 반드시 허락되
어야 한다[55,56,59항]"는 것을 주장한다.

위에서 언급한 여섯 개의 문서 중 4가지, 『거룩한 예배에
관한 헌장, 로마 예배경본 총지침, 성만찬예배에 관한 지
침, 어린이들과 함께하는 예배를 위한 지침』은 교황청에 의
해 발간되었다. 또한 『가톨릭예배에서의 음악, 가톨릭 예배
에서의 환경과 예술』은 미국 주교들에 의해 만들어진 것으
로서 구술 언어로 제한되어 왔던 예배를, 비구술 언어—움
직임, 시각적 요소, 소리 등—를 수용한 예배로 갱신해야 한

 잃어버린 춤

다는 자각에서 비롯된 것이다.

문헌들은, 예배에서 이루어지는 모든 움직임들은 아름답고 자연스러워야 한다고 요청한다. 회중은, "그 움직임을 통해 아름다움이 아닌 그 어떤 것으로도 만족할 수 없을 것이다."[2] 사제의 움직임은 경건할 뿐만 아니라 자연스러워야 한다.[3] 예배무용가는, "사람들의 마음을 신실하게 하나님께 향하도록 하겠다는 한 가지의 목적을 품고, 하나님의 무한한 아름다움을 향하여" 자신의 사역의 방향을 정하여야 하므로,[4] 모든 가식을 버려야 한다.[5] 1975년, '성례전과 성스러운 예배를 위한 위원회Congregation for the Sacraments and Divine Worship'가 노티치에Noticiae II에서 출간했던 에세이 한 편이 1982년 여름에 출간된 '예배에 관한 주교모임'의 회보에 실렸다. 그런데 이 글은, 그 동안 예배에서의 아름다운 움직임의 힘과 움직임으로서의 예술을 이해해 왔던 사람들을 깜짝 놀라게 했다. "교구의 예배위원회와 예배 사무에 따른 학습을 위해 추천되었던"이 에세이는, "예배에서의 춤에 관한 논의를 위한 참고 자료"로 기획되었었다. 하지만 예배에서의 움직임과 춤이 공적으로 금지되면서 이 문건은 바로 압류되었다. 비록 노티치에Noticiae 에세이가 공문서는 아니었지만, 이 에세이 등장 후 생겨난 사태로 보나 그 내용으로 보나 이것은 주목 받을 만한 사례이다. 에세이의 저자는 예배예술로서 춤에 대하여 긍정적인 지지와 그 기초를 제공하였지만 반면에 서방교회는 예배 예술로서의 춤의 가능성을 부정하였다. 다음은 그 에세이로부터 발췌한 내용들이다.

춤은 몸이라는 수단을 통해 인간의 감정을 표현하는 예술이 될 수 있다 …. 춤이란 몸과 영혼 그리고 존재 전체가 결합된 움직임을 통해 자신을 표현하는 기도가 될 수 있다. 일반적으로 기도 가운데 인간의 영이 하나님께로 닿을 때, 그것은 또한 몸과 연관이 된다.
신비주의자들에게서 우리는, 하나님에 대한 그들의 충만한 사랑의 표현으로서의 춤을 발견한다.
토마스 아퀴나스가 천국을 표현하고자 했을 때, 그는 천사들과 성자들이 추는 춤을 통해 그것을 표현하였다. 우리는 몸으로 드리는 기도에 대해서도 말할 수 있다.

〔원시인들은….〕
그들 가운데서 예배에 대한 욕구가 일어날 때 그들이 사용한 언어는 성가가 되었고, 신을 향해 걷는 그들의 몸동작은 그 자체로 춤이 되었다.

〔히브리 기도자들은….〕
이것은 이스라엘 민족에 관한 이야기다: 유대교회의 회당에

 잃어버린 춤

서 이루어지는 그들의 기도에는 전통으로부터의 교훈을 상
기하기 위한 지속적인 몸짓이 동반되었다 : 너희는 기도할
때에 너희의 모든 가슴과 모든 뼈들과 함께 기도하라.

〔초대교회 교부들은….〕
춤에 대한 진술과 평가 그리고 춤에 대한 암시가 들어있는
성서구절에 대해 언급한다. 그러면서, 보다 빈번하게 세속적
인 춤에 대한 비난과 그러한 춤이 가져오는 혼란에 대해 이
야기한다.

 공의회의 결정과 문헌들에 대해 설명하면서 에세이는, 이
론상으로 춤은 가톨릭 예배를 위해 필요하다고 지적하고 있
으며, 그것이 받아들여지기 위해서는 다음의 두 가지가 우
선되어야 한다고 언급한다.

 첫 번째: 몸은 어느 정도 영혼을 반영하는 것이기 때문에,
몸으로 추는 춤 역시 그 자체가 기도가 될 수 있으며, 몸을
통해 표현할 수 있는 모든 움직임으로, 믿음과 경배의 감정
을 표출해야 할 것이다.
두 번째: 예배에서 이루어지는 모든 몸짓과 움직임들이 공교
회의 문헌들에 의해 구체적으로 규정되는 것처럼, 춤 또한
공교회의 문헌을 통한 특정한 규율 하에 있어야 할 것이다.

『거룩한 예배에 관한 헌장』 112-129항을 반영하는 위의 두 가지 기준은, 거룩한 음악과 거룩한 예술 그리고 거룩한 예배용품에 대해 교회가 정한 표준과 마찬가지로 거룩한 춤을 위한 기준을 세운 것이다.

에세이는 여전히 시리아, 에티오피아 그리고 비잔틴의 전통 가운데 실행되고 있는 움직임의 예전 예술이 지금도 가능하다고 말한다. 왜냐하면 그러한 전통들은, "춤추는 행위가 여전히 종교적인 가치의 반영이며 그것의 명확한 표현형태"라고 전제하기 때문이다. 에세이는, 서구 문화에서 "춤은 사랑, 오락, 세속과 연결 된다"는 점과, 참여적이라기보다 전시적이라는 점을 계속 이야기한다. 문제는 그것이 부분적으로나마 사실이라는 점이다. 그리스도교 춤 예술가들과 예배 인도자들 그리고 하나님께 아름다운 몸짓을 드리려는 회중은 그래서 도전을 받는다. 우리의 문화 가운데 춤과 종교, 춤과 공동체 생활의 분리는 오랜 시간에 걸쳐 진행되었다. 재결합이 가능하기는 하지만, 그것은 오로지 그리스도교 회중과 성직자들의 지속적인 재교육과 교회를 위해 제공되는 춤이라는 예술에 대한 계속적인 비판과 애정을 갖는 태도를 통해서만 가능하다.

불행히도 노티치에<sup>Noticiae</sup> 에세이의 여러 긍정적인 면들은 몇몇 설득력 없는 표현들과 부정적인 결론들에 의해 가려지고 말았다. 초대교회 교부들이 "춤에 관한 언급을 했고", 성서에 "춤에 대한 암시"가 있다는 것을 크게 오해했던 것이다. 우리가 이미 살펴본 바와 같이, 성서에는 여러 가지의 축제와 의식을 위한 춤에 대한 기록이 있으며, 많은 초대교회 교부들은 그리스도인들로 하여금 하나님께 예배를 드릴 때 춤을 통해 교회의 중요한 축제를 기념하도록 권장하였다.

교회 안에서의 춤은, "언제나 종교적인 예배의 테두리 밖에서 일어났다"는 에세이 중반의 언급은 그와는 반대되는 여러 증거를 무시한 것이다. 그 증거들이란, 예배에서 어린이들의 춤으로 초대하는 순교자 유스티누스<sup>Justin Martyr</sup>와, 모사라베 예배에서의 여섯 명의 소년 성가대원의 춤<sup>los seises</sup>, 부활절 아침 예배에서의 신성한 원형 춤에 관한 초기 성가에서의 많은 인용 그리고 성체축일과 다른 축제에서 행렬을 이루는 춤 등이 있다. 또한, 순전한 마음과 깨끗한 양심을 가지고 주님 앞에서 춤을 출 것을 요구하는 성만찬 예배의 기도도 여기에 포함된다.

교회 안에서의 춤의 역사에 기초한 에세이의 마지막 두 가지 조언은 부적절하다.

만일 서구에서 예전적 춤에 대한 요구가 정말로 환영 받게
된다면, 예배실이 아닌 다른 장소와의 관련성이 고려되어야
할 것이다. 나아가 성직자들은 언제나 춤으로부터 배제되어
야 할 것이다.

그러나 비록 예배실은 아니었다 하더라도, 예배의 자리에
서 예전과 관련하여 추어진 방대한 춤의 역사가 있다. 따라
서 그리스도교 공동체가 춤을 추고자 할 때, 예배하는 곳이
아닌 다른 장소에서 춤추어야 한다는 말은, 성전에서 이루
어지는 몸의 움직임으로부터 영성의 움직임을 분리시키는
것이다. 그러므로 이러한 구분은, 성육신의 믿음을 가진 공
동체에게는 명백하게 해로운 것이다.

또한 사제들이 춤에 참여해서는 안 된다는 지적 역시, 분
리와 구별을 통해 우월한 지위를 유지하기 위하여 평신도의
예배춤에 참여하지 않았던 수 백년 전 사제들의 근심을 반
영하는 것처럼 보인다.

"서구 문화에서는, 춤을 추는 것이 사랑과 유희와 세속 그
리고 억제되지 않은 감각과 관련이 있다"는 진술은 단지 부
분적으로만 유효하다. 에세이는 예를 들어, 영적으로 잘 조
화된 멕시코와 미국원주민의 여러 가지 춤이 모든 이를 위

한 예전의식에 종종 통합되었다는 점을 고려하지 않고 있다. 에세이는 또한, 독실하고 헌신적으로 사역에 임하는 성직자와 예배무용가들의 노력을 간과하고 있다. 그들은, 최상의 예배춤을 위해 적절한 장소에서의 적절한 예배를 회복하고자 했으며, 또한 성직자와 회중이 함께 참여할 수 있는 자연스럽고 순수하고 아름다운 예전적 춤과 동작을 만들어왔다. 그리고, 진정성 있고 겸손한 몸의 움직임들이 녹아 어우러진 예배춤을 창조하기 위해 노력해왔다.

에세이는 결국, 춤의 신성한 뿌리와 죄를 대속하시는 그리스도의 능력과 하나님의 영광을 위해 사용되는 움직임의 예술에 대하여 거론하며 결론을 내리는 대신, 동시대적인 세속 사회의 춤에 대하여 정의를 내리고 있는 것으로 결론을 삼았다.

그러나 교회의 전통과 믿음에 부합한다는 것은, 회중에게 은총이 가득한 "행동, 몸짓 그리고 몸가짐"을 요구하고, 성직자에게는 "의미심장하고 분명하게, 그리고 자연스럽게 밖으로 빛을 발하는 방법으로 수행되는" 움직임의 표현을 요구하며,[6] "전체적인 예배행위에 유익을 주는 방법으로, 유능하고 자격이 있는 사람들에 의해 이루어지는" 춤의 예

술을 요구하는 것이라는 점을 공식적인 교회 문헌들이 이미
밝히고 있다.

술을 요구하는 것이라는 점을 공식적인 교회 문헌들이 이미
밝히고 있다.

_ 셋째 마당

그리스도교
예전적 움직임의

다양성

# 9장

# 춤에서의 **정지**
## The Stillness in the Dance

    **'잃어버린 춤'**이라는 제목의 책에서 정지 **고요함**에 관한 이야기를 꺼내는 이 장은 전혀 연관 없는 단락처럼 보인다. 그러나 예배와 관련한 움직임을 완벽하게 이해하기 위해서는 예배의 고요함에 대해 생각해 보는 일이 중요하다. 이와 관련해, 『거룩한 예배에 관한 헌장』의 30항은 다음과 같이 규정한 바 있다.

    예배에 참석한 회중의 적극적인 참여를 이끌어내기 위해서는 사람들의 행동, 몸짓 그리고 몸가짐과 마찬가지로 회중의 환호, 응답, 시편찬양, 교송, 성가부르기 등의 방법을 개발하고 이를 통해 독려 해야 한다. 그러나 적절하고 필요한 시점에서는 회중으로 하여금 거룩한 침묵에 참여하도록 해야 한다.

회중의 환호, 응답, 시편찬양, 교송 그리고 성가부르기 등과 대조되는 것이 침묵이듯이, 행동과 몸짓 그리고 몸가짐과 대조되는 것은 정지**고요함**이다. 30항의 마지막 문장이 다음과 같이 끝을 맺었다면 그 뜻이 더욱 명확하고 완벽했을 것이다.

그리고 적절한 때에 모든 사람들은 경건한 침묵과 정지에 참여해야 한다.

예배에서의 정지**고요함**와 관련해서는, 일반적으로 다음 두 가지의 상반되는 두려움이 있다. 그 하나는, 정지**고요함**가 아마도 하나님을 찬양하는 예전으로서의 공예배의 본질적 성격과 상충하는 것일지도 모른다는 점이다. 이러한 두려움을 가진 사람들은, 이전의 예배방식을 유지하면서, 예배 참여자들에게는 묵상 형식의 개인 기도를 하게 만든다. 사람들에게 있어 또 다른 두려움은, 성직자들이나 사람들의 행동이나 몸짓 그리고 몸가짐의 변화가, 소중한 예배를 마치는 조짐으로 받아들이게 된다는 것이다. 나는 이러한 두 가지의 두려움 모두를 경험한 바 있다. 한번은 어느 사제와 함께 예배를 준비하면서, 나는 예배 중간에 몇 차례에 걸쳐 정지**고요함**의 순간을 갖자고 제안하였다. 그러나 사제는, "우리는 예배에서 어떠한 침묵의 순간도 원하지 않습니다"라고 말하는 것이었다. 또한 오스트레일리아에서 가르칠 때에는, 한 교회의 성공회 신부로부터 보다 냉담한 반응을 받게 되었다. 그러나 예배가 끝나고 사택에서 차를 마시는데, 그의 태도는 현저하게 바뀌어 있었다. "나는 당신이 무용가이기 때문에, 우리에게 움직이고 또 움직이고 언제나 움직여야 한다고 말하리라고 생각했습니다. 당신이 우리에게 멈추는 것에 대해서도 이야기하리라고는 생각하지 못했습니다."

『로마 예배경본 총지침』과 『어린이들과 함께하는 예배를 위한 지침』은 모두 침묵의 시간을 제안한다. 기도로 초대한 후 또는 설교 후 그리고 성찬을 받은 후에, 이러한 순간들은 고요 가운데 이루어져야 한다.

예배를 인도하는 각각의 성직자들은 각자의 움직임과 동작을 통해 그 예배에 기여한다. 이 때 예배 중 어떤 움직임이나 동작을 취하지 않고 잠시 앉아 있거나 서 있어야 하는 성직자는, 예배를 위해 어떤 동작을 취하고 있는 성직자로 부터 회중의 시선이나 주의를 빼앗아오지 않도록, 고요한 가운데 정지하고 있어야 한다. 교구의 예배담당자로 일하 던 시절, 나는 사제들의 예전복 끝에 매다는 술이 달린 솔 을 만들었다. 그리고 한 예배에서, 성서 봉독자가 첫 번째 와 두 번째의 성서 본문을 읽는 동안 예전을 집례하던 사제 가 자리에 앉아서 계속 술을 돌리도록 제안했다. 만일 내가 "나는 봉독한 성서말씀은 듣지 못했지만, 신부님이 술을 돌 리는 모습에 상당히 매료되었다"고 말하는 모든 사람들에게 서 동전 한 닢씩을 거두었다면 아주 많은 동전을 얻을 수 있 었을 것이다.

비록 법규로 정해진 것은 아니지만, 예배 시작 직전의 정 지된 순간 역시 매우 유익한 것이 될 것이다. 예배에 참여한 모두는 아마도 한 주 동안 너무나 분주히 살아왔을 터이고, 이제 그리스도를 통해 하나님께로 함께 나아가기 위해 예배 자리에 나아왔을 것이다. 하지만 그들은 모두 예배에 참여 하기 전에, 그들 자아의 부서진 조각들을 먼저 맞추어야 한 다. 나는, 주일예배의 자리에서 사람들이 마음을 가라앉히 고 집중하고자 애쓰는 모습을 십분 이해한다. 왜냐하면 그들은, 일주일 내내 기존의 관계들을 잘 유지하기 위하여, 또한 새로운 관계들을 맺기 위하여 매우 바쁘게 살아왔을 것이기 때문이다. 그렇기에 일주일 만에 혼자 기도할 수 있는 기회를 얻은 사람들이 "여러분 좌우에 있는 사람들과 서로 인사를 나누라"는 집례자의 권고에 순응하지 못하는 점에 대하여 나는 매우 공감한다. 만일 분주한 일상을 살던 사람들이 예배를 드리기 위해 교회에 도착해서 고요한 가운데 마음과 손을 모아 기도하면서 예배를 준비할 수 있다면 그것은 멋진 일이 될 것이다. 하지만 그러지 못한다면 그들이 도착했을 때, 서로 함께 모임으로써 흩어졌던 그들 개개인의 자아를 맞추는 데 도움을 받을 수 있을 것이다. 예배 시작 직전의 고요한 시간은, 예배 안내자들의 안내, 성가대의 악보 준비, 연주자들의 악기 조율 등을 멈추고, 완전한 정적 상태를 유지함으로써 가능할 것이다. 물론 처음에는 고요한 정적 시간을 유지하기 위해 안내가 필요할 것이다. 그러나 머지 않아 고요한 정적 시간에 대한 안내는, 새신자와 방문자를 위해서만 필요하게 될 것이다.

회중을 고요한 정적 상태로 인도하기 위해서는 특별한 훈련과 장치가 필요하지 않다. 짧고 단순한 안내만으로도 충분하다. "눈을 감으세요 … 긴장을 푸세요 … 손과 어깨와

턱, 여러분의 생각과 마음을 편히 하세요…"정도의 말이 회중이 필요로 하는 전부일 것이다. 고요한 정적의 시간을 통해 조각났던 자아를 다시 모으고 일정 정도 회복을 경험한 회중은, 공예배에서 자발적으로 서로를 이끌어갈 것이다. 이 때 공동체를 고요함으로 이끄는 책임은 누구에게 있는 것인가? 아마도 그 공동체의 움직임을 인도하는 책임을 맡은 사람일 것이다. 예배춤 예술가는, 정지의 상태가 몸의 움직임만큼이나 힘 있게 말할 수 있을 때까지, 춤을 추는 순간마다 정지에 민감해야 한다.

  문제의 본질은, 움직임과 정지**고요함**가 모두 필요하다는 것이다. 우리는 하나님을 향해, 영적으로 육적으로 그리고 감성적으로 지성적으로 나아가야 한다. 동시에 몸과 영혼, 마음과 감정을 가라앉히고, 하나님께서 우리를 향해 움직이시고, 또한 우리 안에서 움직이시며, 궁극적으로는 우리를 움직이신다는 사실을 알아야 한다.

# 10장

# 리듬과 의례
## Rhythm and Ritual

**춤으로** 드리는 예배나 그리스도교 예배춤의 핵심은, 움직임과 정지, 소리와 고요, 행동과 묵상을 교차시키는 리듬이다. 행동, 몸짓 그리고 몸의 움직임을 통한 능동적인 참여는 힘이 넘친다. 하지만 정지와 고요를 통한 참여와 함께 번갈아 일어나지 않으면 그 힘과 의미를 상실하게 된다. 예배무용가가 인도하는 특별한 행렬이나 묵상은, 큰 기쁨이나 깊은 참회의 감정으로 예배를 풍성하게 할 것이다. 하지만 매 주일마다 반복적으로 수행된다면 그것은 금새 빛을 발하게 될 것이다. 이번 장에서 우리는, 리듬과 의례의 관계에 있어서, 리듬의 세 가지 반대되는 성향을 중심으로 알아 보고자 한다.


전통적인 것과 새로운 것Traditional and New

코벤트리 대교회Coventry Cathedral의 저녁기도 책자에는, "당신은, 당신이 태어나기 훨씬 이전에 시작되었으며 당신이 죽고 난 후에도 오랫동안 지속될 대화에 참여하고 있다"라는 말이 있다. 우리는 예배춤에 접근하는 사람들에게 비슷한 이야기를 해 줄 수 있을 것이다. "당신은, 당신이 태어나기 훨씬 이전에 시작되었으며 당신이 죽고 난 후에도 오랫동안 지속될 춤에 참여하고 있다." 이러한 관점에서 생각을 해 보면, 예배춤과 관련하여 전통적인 것과 새로운 것에 대하여 질문하는 일은 별 의미가 없게 된다. 우리는 바로 여기에서 바로 이 순간에, 예배춤으로 들어가는 것이다. 다시 말해 지금 이 순간과 우리 자신을 초월하여, 어제와 내일을 수용하는 춤으로 드리는 예배로 나아가는 것이다. 따라서 우리의 춤-사제, 회중 또는 움직임 예술가의 춤-은 바로 그 자체의 움직임으로 형성되어야 하며 여기에는 어떤 객관성이 필요하다. 오늘의 우리 자신에게 필요하지 않은 움직임이라고 내던지는 것은, 어쩌면 오늘날 우리가 필요로 하는 움직임을 내던지는 것이 될 수 있다.

한 가지 예가 절을 하는 행동이다. 오늘날 서구사회에서는, 더 이상 높은 사람들에게 절을 하지 않는다. 사람 사이의 평등이란, 우리가 다른 모든 사람들 앞에서 꼿꼿하게 서는 것을 의미한다고 잘못 생각하기 때문이다. 그러나 교회는 성직자 같은 사람이 되거나 혹은 성숙한 사람이 되어 믿음을 실천하며 살라고 요구한다. 머리나 상체를 조아려 절하는 행위는 겸손과 순종을 뜻하며, 나아가 성인으로서 나 자신의 통제권을 포기하겠다는 뜻의 상징적 행동이다. 그런데 겸손하고 순종적이며 아이와 같은 태도는 바로 우리가 하나님 앞에서 취해야 하는 자세들이다. 한번은 어떤 성직자가 나에게, 자신은 사람들이 더 이상 머리를 숙이지 않기 때문에 이제는 기도하기에 앞서 "하나님의 축복을 위해 머리를 숙여 기도합시다"라는 권면을 사용하지 않는다고 말한 적이 있다. 내가 그의 교회에 설교자로 초대받았을 때의 일이다. 나는 교인들에게 전통적인 움직임의 의미에 관한 설교 말씀을 전했다. 그리고 예배의 끝자락에, 오늘 하나님이 우리를 초대해 주신 것에 대하여 감사하며 머리를 숙이자고 교인들에게 제안했다. 예배가 끝난 후에 어떤 사람들은, 절하는 동작이 불편하게 느껴졌으며 그래서 따라 할 수 없었노라고 말했다. 다른 사람들은, 자신들이 그 동안 종종 원했던 행동이었으며, 절할 수 있는 기회를 제공한 점에 대하여 감사했지만, 그러나 주변에 있는 다른 교인들이 똑바로 서 있었기 때문에 사뭇 자제했었노라고 했다.

나는, 내가 인도했던 한 워크숍에서 강연이 끝날 무렵 한 목회자와 주고 받았던 질문과 대답을 잊을 수가 없다. "만일 당신의 교인들이 당신을 위해 하나님의 복을 빌어주는 동안, 당신은 머리를 숙이겠습니까?" 그러자 그 목회자는, 한쪽 무릎을 꿇고 크게 절하는 자세를 취하면서 "물론입니다!"라고 대답했다.

우리는 오늘날, 우리에게 말을 걸어오는 새로운 몸짓과 동작을 위해 움직임의 언어를 탐구해야 한다. 그리고 과거의 춤과 우리 사이를 연결해 주는 움직임의 유산 또한 연구해야 한다. 예배무용가들은, 새롭고도 창조적인 방법과 또한 신앙공동체 안에서 자연스런 예전적 움직임을 통해 자신들의 춤을 발전시켜 나가야 할 것이다. 전통의 무게로 가득하고 동시에 예술적 개발과 훈련을 통해 완성된 예배적 몸짓은, 그리스도교의 예배춤을 위한 든든한 기초가 될 것이다.


표현적인 그리고 감동적인Expressive and Impressive

어떤 이들은, "나는 이웃들을 만날 때 미소나 악수 또는 평화의 인사 등을 통해 만나고 싶지 않습니다”라고 말하면서 평화의 입맞춤에 대해 불평을 한다. 그러나 여기서 요구되는 것은, 우리 각자가 느끼는 감정의 표출이 아니라, 교회 전통이 가지고 있는 여러 가지 관습적 행동의 의미를 확인하는 작업이다. 목회 예배를 위한 노트르담 센터Notre Dame Center의 회장인 마크 설Mark Searle은, “평화의 입맞춤이란 예로부터 지금까지 언제나 어느 곳에서나 훈련되어온 인사의 한 방식이지만, 그렇다고 오늘날 지금 여기에서 언제나 어느 곳에서나 누구를 막론하고 이 방식에 자발적으로 참여하고 반응해야 함을 의미하는 것은 아니다”라는 말을 자주한다. 물론 훈련된 이 인사 방식 자체가 교인들 사이의 애정이나 친절한 마음을 방해하는 것은 아니다. 오히려 이 인사를 통해 애정어린 마음이 생길 수도 있다. 그러나 어떤 동작을 취하기에 앞서 그에 해당하는 감정이 충만해야 한다고 주장하는 것은, 때로 몸의 움직임 자체가 갖고 있는 감성적 측면을 간과하는 것이기도 하다.

목회자나 사제, 예배에 참여한 회중 또는 춤 예술가들의 움직임은 때로는 자발적인 감정으로부터 일어날 수도 있고 때로는 법규나 지시에 의해 정해진 대로 일어날 수도 있다. 그런데 미리 정해진 움직임들은, 우리가 표현하고픈 감정

 잃어버린 춤

이 표출되는 방식과는 다르게 나타난다. 미리 정해진 몸짓들은-만일 우리가 온몸과 마음을 다한다면- 단지 우리 자신의 영감에 맡겨두었을 경우 결코 발견하지 못할 수 있는 이해와 감정의 미묘한 차이를 드러내 줄 것이다. 하지만 우리는, 몸을 움직여 어떤 동작을 취할 때에 우리의 몸뿐만이 아니라 우리의 마음까지 내주어야 한다. 마음의 열정이 담기지 않은 성찬 기도나 예배춤의 동작은 용납될 수도 없고, 또한 예배에 아무런 도움도 되지 않기 때문이다.

　나는 최근 성가대가 연주하는 동안, 간단하게 성호를 그리는make the sign of the cross 춤을 인도해 달라는 부탁을 받았다. 그런데 성가대의 합창이 연주되는 동안, 한 가지 동작으로만 이루어지는 단순한 움직임의 춤을 추면서, 나는 십자가 은혜의 그 높이와 깊이와 넓이를 새롭게 느낄 수 있었다. 나아가, 내가 춤을 통해 무언가를 상징적으로 표현하기 위하여 반드시 필요한 요소, 곧 적절한 시간과 장소 등에 대하여 새로운 깨달음을 얻을 수 있었다.


반복되는 혹은 일회에 그치는Repeated and One Time Only

　우리는 소비하는 문화 안에서 살아가고 있다. 한 번 사용된 물건은 폐기되며 더 이상 반복해서 사용하지 않는다. 나

또한 교구 예배연구가의 한 사람으로서, 지금까지 현수막
이나 예식문들을 만들어 한 번 사용하고는 바로 폐기하는
낭비의 죄를 범해 왔다. 그 연장 선상에서, 나는 한 사람의
무용가로서, 나 자신에게 계속해서 새로운 춤을 만들어 내
도록 종용했으며, 그 어떠한 공동체도 한 차례 이상 반복해
서 공연되는 춤을 견뎌낼 수 없을 것이라고 확신하기에 이
르렀다. 물론 삶이란 새로운 것의 연속이기 때문에 우리는
늘상 무언가 새로운 것을 필요로 하고 그에 대해 감사한다.
그렇다고 해도 옛 것의 반복을 멀리하는 것은, 우리에게서
우리 자신의 깊이와 예배의 깊이 그리고 삶 자체의 깊이를
측정할 기회를 빼앗는다.

 이 책의 출판을 위해 연구하면서, 수 주간 나는 일요일에
도 너무나 분주했기 때문에, 끝이 없어 보이는 말이나 몸
짓 그리고 오래 걸리는 지루한 모든 것들로 인해 예배시간
에 괴로웠다. 하지만 시간이 흐르면서 괴로움도 끝나게 되
었고 내가 지녔던 부담감도 떨쳐버렸으며, 나 자신이 예배
의 리듬을 따라 다시 태어나고 있음을 느끼게 되었다. 이렇
게 되기까지는 많은 시간이 걸렸다. 예배춤에 청함을 받았
을 때에도 처음에는, 그저 단순히 반복하여 되풀이되는 움
직임으로 인해 결국 나의 긴장감은 허물어졌고, 한 쪽 발은

땅을 딛고 다른 한 쪽은 천국을 밟고 춤추는 나 자신을 발견하게 되었다. 뒤이은 수 주 동안, 나는 여전히 예배가 시작되기 직전에야 교회에 뛰어들어 갔고**다르게 조정해 보려는 의도와는 달리**, 똑같은 상황은 계속되었다. 내가 성 금요일 예배에서 추었던 춤은 지금까지 3년 동안 이어지고 있다. 나는 조용히, 연기 나는 향로**smoking censor**를 흔들며 십자가를 앞세우고, 교회 안으로 걸어 들어간다. 계속해서 울려 퍼지는 "주님 찬양**Adoramus Te Domine**" 성가와 함께 나는 걷다가 멈추고, 돌고, 무릎을 꿇고, 다시 일어나 돌고, 또 걷는 과정을 반복한다. 교회 안에 커다란 십자가가 곧게 세워질 때, 나는 십자가 주위를 돌며 걷다가 멈추고, 무릎 꿇고, 다시 일어나 걷는, 매 번 똑 같은 순서의 단순한 움직임을 반복한다. 이렇게 진행되는 성금요 예배의 춤 마지막 순서에서는, 사제부터 한 사람씩 나를 따라 모두가 나아와, 무릎을 꿇고 경배하며 십자가에 입을 맞추고 다시 일어선다. 예배에 참여한 회중 모두가 경배를 마친 후, 우리는 함께 머리를 숙여 인사를 하고 저마다의 자리로 돌아간다. 이 춤은 이제까지 내가 안무한 춤-기술적으로 복잡하고 흥미로운 비반복적 춤-가운데 유일하게 예배 참여자들로 하여금 눈물을 흘리며 스스로 낮아지게 만드는 춤이다. 여러 가지 이유가 있을 것이다. 그 가운데 특별한 한 가지 이유를 기억하고 싶다. 그것은 춤이란, 계속 반복되는 성가를 따라 단순하게 반복되는 경배의 움직임이라는 사실이다.

# 11장
# 다른 어떠한 하나의 요소도
## No Other Single Factor

예배 집례자가 예배를 인도하는 동안 어떤 동작을 취할 때,
그 몸짓은 회중의 하나됨을 이끌어낼 수 있다. 그러나 예배
집례자의 동작이 적절하지 못하거나 잘못 행해질 때 그 몸
짓은 고립될 수 있다.

『가톨릭 예배에서의 환경과 예술 56항』

다른 어떠한 하나의 요소도 예배 인도자의 태도, 자세, 몸짓
처럼 예배에 영향을 주는 것은 없다.

『가톨릭 예배에서의 음악 21항』

1940년에 쓰여진 사제 J. 오코넬J. O'Connell의 저서『예배
예식 *Celebration of the Mass*』은, 예배인도자의 아주 세세한 움직

임까지도 자세히 규정하고 있다. 이 책에서 저자는, 예배 중에 인도자가 저지를 수도 있는 "예전적 동작에 있어서의 실수"를 지적한다. 그리고 "예배예식에서 인간의 유약함으로 인하여 저질러지는 허물과 죄에 대한" 용서를 구하기 위해 무릎을 꿇고 드리는 기도에 대해서도 이야기한다.[1]

사제들이 전례법규를 따라 예배에서 필요한 모든 예전적 움직임을 스스로 감당하는 일은 더 이상 가능하지도 또한 기대할 수도 없게 되었다. 전국의 여러 곳을 돌며 성직자들 및 예배위원들과 함께 예배에 대한 워크숍을 진행하면서 발견한 것이 있다. 전례법규에 대한 과거의 생각이, 예전적 움직임에 대한 워크숍과 훈련을 통해 좀처럼 바뀌지 않는다는 사실이다. 몇몇의 예외를 제외하고는, 대부분의 신학교에서는 행동이나 몸짓 그리고 몸의 움직임에 대해 훈련하지 않는다. 최근 목회자인 한 친구가 나에게 이렇게 말했다. "신학교는 우리에게 설교하는 방법은 가르쳤지만 예배를 인도하면서 몸을 어떻게 움직여야 하는지에 대해서는 가르치지 않았네. 예배가 진행되는 동안 예배 집례자가 취해야 하는 행동이나 움직임, 몸짓 등은, 목회 현장에 나가 목회자들이 스스로 터득하면 된다고 생각한 것 같네." 자신들의 태도나 자세 그리고 몸의 움직임으로 예배를 인도해야 하는 젊은 목회자들이 충분한 준비가 되지 못한 채 목회 현장에 나갈 경우, 이 모든 것을 오직 말로만 설명하면서, 오히려 예배의 영성을 파괴하기도 한다.

나와 함께 일했던 몇몇 나이 든 사제들은, "제발 우리에게 몸의 움직임에 대해 가르치지 마세요. 이전에 충분히 했습니다"라며 간청한 적도 있다. 반면에 젊은 사제들은, "제발 우리에게 어떻게 움직여야 하는지를 가르쳐 주세요. 우리는 우리의 행동과 몸짓이 우리의 말과 같이 의미 있는 것이 되기를 원합니다"라고 요구한다. 이 두 가지 요구에 있어서 차이점은 설명하기 쉽지 않지만 매우 중요하다. 이 두 가지 요구를 단순하게 하나로 종합하면, "제발 우리에게 움직임에 대해 가르치지 마세요. 우리에게 어떻게 움직이는지 가르쳐 주세요"가 된다. 그렇기에 J. 오코넬의 저술은 한편 고색창연하게 들릴지도 모르나 오늘날 우리 상황에도 여전히 유효하다.

규칙은 필요 없다. 다만 한 가지 원칙은, 예배 집례자가 스스로 기도하면서 회중의 기도를 돕는 방식으로 움직여야 한다는 것이다. 아래에서, 움직임의 네 가지 원리에 대해 고찰하면서, 예배 집례자가 예배에서 수행하는 몇 가지 실제적 움직임에 대해 살펴보도록 하겠다.

『로마 예배경본 총지침』,『거룩한 예배에 관한 헌장』에 뒤이어 등장한 예전 문헌들은, 성례전에 대한 연구자료로 매우 중요하고 적절하다. 그러나 예배 집례자의 예전적 움직임에 대한 지침은 이미 고착되어 버린 과거형 언어이어서는 안 된다. 그것은 함께 예배하는 회중과의 연관 속에서, 예배 집례자가 자신의 행동을 자각하며 움직이도록 초대하는 현재형 언어이어야 한다. 예를 들어 입례가 시작될 때, "사람들과 마주한 성직자는 자신의 손을 뻗어 모든 참가자들을 맞이한다"[2] 는 규정은, 어떤 특정한 자세를 율법적으로 전제하는 것이 아니다. 예배 집례자는, 각 예배의 상황에 따라, 이 규정에 따른 적절한 자세를 스스로 취할 수 있어야 하는 것이다. 중요한 점은, 예배 집례자가 예배를 드리기 위해 모이는 회중들 모두를 향해 손을 뻗어 영접해야 한다는 것이다. 그 수가 열다섯 명이든 오백 명이든, 혹은 그 이상이든, 그리고 그가 어느 자리에 앉아 있든 , 예배 집례자는 예배 참여자 모두를 향해 손을 뻗어 저들을 영접해야 한다. 따라서 입례 때에, 미리 엄격하게 계산된 예배 집례자가 취해야 할, 자세란 따로 없다.

예전적인 움직임은, "여타의 예술과 같이 절제된 움직임의 예술이며, 반복되는 훈련을 통해 배우게 된다. 또한 배우고 익힌 예술을 미리 연습하는 방식으로 지속된다."3 예배 리허설이 예배 참여자들의 자발성을 저해하거나 가로막는다는 생각은 잘못된 것이다. 오히려 예배 리허설은, 예배의 예전적 흐름을 안정감 있게 해 주고, 나아가 예배에 불필요한 요소들을 미리 제거하게 해 준다. 또한 예배 참여자들이 더욱 깊이 예배에 몰입할 수 있도록 그 길을 제시해 준다.

훌륭한 감독파Episcopal교회의 성직자이자 춤으로 드리는 예배에 대한 비전을 가지고 나를 격려하였던 친구, 레온 카트멜Leon Cartmell은 훈련에 관해 다음과 같이 말하였다.

실제적이고, 엄격하게, 그리고 체계적으로 훈련에 임하라. 그 동안 얼마나 자주, 얼마나 많이 같은 일을 반복했는지는 중요하지 않다. 결혼 예식의 경우, 신부의 행진에서부터 모든 순서에 이르기까지 진지하게 살펴보고 미리 준비하고 훈련한다. 안내위원들은 어떻게 손님들을 안내해야 하는지, 신부의 어머니를 어떻게 안내해야 하는지 등에 이르기까지 세세하게 준비하고 주의를 기울인다. 또한 세상에는 예절에 관한 책도 넘쳐나고, 신문의 칼럼은 사회생활에 있어서 지켜야 할 예의범절에 관해 연일 다루고 있다. 우리의 주님이 우리의 이웃들보다 중요하지 않은가? 우리는 이웃들이 하는 말에 귀기울이면서 매우 조심스러워 하지만, 영원하신 주님께 어떻게 나아가야 하는지에 관해서는 전혀 관심을 기울이는 것같지 않다.[4]

## 현존과 투명성Presence and Transparency

현존과 투명성이란 두 가지 원칙은 함께 다루어져야 한다. 왜냐하면, 우선 이 두 가지가 정반대인 것처럼 보이기 때문이다. 한 사람의 집례자가 어떻게 현존하기도 하면서 동시에 투명성을 취할 수 있겠는가? 모든 것이 현존하는 이 세상에서, 또한 누구나 자신을 드러내기 원하는 사회에서, 그 누가 스스로 투명하게 되어 다른 이들의 눈에 드러나지 않기를 원하겠는가?

이 원칙과 관련하여 가장 중요한 점은, 예배의 집례자가 다른 이들과 함께 기도드릴 때에, 자기 자신을 그렇게 많이 드러낼 필요가 없다는 것이다. 유별나게 특별한 몸짓이나 기도 방식을 절제하라고 제한하는 것은, 예배 집례자 자신의 존재감을 감추려는 의도이거나 그의 무능력을 지적하려는 의도가 아니다. 그렇게 하는 것은, 예배 참여자들로 하여금 예배의 자리에서 집례자를 넘어 그리스도를 바라볼 수 있도록 하기 위함이다. 현존과 투명성의 원칙이란, 집례자가 "여기를 보시오!"라고 외치고는, 그리스도께로 향하는 회중의 시선을 스스로 가로막지 말아야 한다는 매우 현실적인 원칙이다.

『로마 예배경본 총지침』은, 성만찬 예배에 참여하는 집례자의 몸짓과 행동에 대한 규정을 담고 있다. 여기서 예배 집례자의 구체적 움직임에 대해 자세히 살펴보는 것이 도움이 될 것이다.

## 절하기 | Bowing

규정 84항에는, "제단에서 사제들과 성직자들은 깊숙이 머리를 숙여 절한다"고 기록되어 있다. 규정 234항에서는 다음과 같이 권면한다.

절에는 두 가지 종류가 있다. 하나는 고개만 숙이는 절이고 다른 하나는 몸을 숙이는 절이다.
이 중에서 고개를 숙이는 절은 삼위일체가 함께 호명될 때와 예수님, 성모 마리아 그리고 예배 드리는 축일의 성자 이름이 호명될 때 행한다.
성만찬이 아닌 경우, 몸을 구부리는 절은 제단 앞에서 이루

어진다: 전능하신 하나님, 깨끗케 해 주시옵소서 : 주님, 우
리는 당신이 받으시기 원합니다: 말씀에 대한 신앙고백으로:
성령님의 능력을 통해; 정경에 기록된 말씀 안에서: 전능하
신 하나님, 우리는 기도합니다. … 또한 사제는 봉헌 앞에서
주님의 말씀을 할 때 가볍게 절을 한다.

예배 집례자는 절하는 동작에 수반되는 언어와 절하는 행
동이 하나로 여겨질 때까지 반복하여 연습해야 한다. 그러
한 연합은, 말이 끝났지만 움직임이 자연스럽게 끝으로 이
어질 때의 침묵하는 순간이나, 움직임의 마지막 순간이 말
씀의 결론이 됨으로써 이뤄지는 고요의 순간까지 포함한
다. 말이나 행동 모두 서둘러서는 안 된다. 이 둘의 하나됨
은 존중되어야 한다.

십자가의 표시]Sign of the Cross

입례송 후에, 사제와 회중은 그리스도교에서 숭고한 믿음
의 춤이라 할 수 있는 성호를 긋는다. 예배의 후반부에, 집
례자는 복음서 위로 그리고 제단과 제물 위로 그리고 사람
들 위로 성호를 긋는다. 수직과 수평 움직임의 조합인 십자
가 그리기는 하나님의 초월성과 내재성, 인간성과 신성의
양극단을 반영한다. 십자가의 표시는 예배의 시작과 끝 모

 잃어버린 춤

두에 걸쳐 실행된다. 이 춤은 사제의 그리스도에 대한 찬양이며 회중의 일용할 양식이다. 몸 위로 혹은 회중 위로 십자가가 그려질 때는 반드시 넓고 충만하게 그려져야 한다. 동시에, 각각의 회중이 전인적으로 또한 공동체 전체가 주님께 받아들여지고 구원받았다는 진리가 감격스럽게 표현되어야만 한다. 그것은 바로, 십자가로 인해 회복되어진 우리 존재의 높이와 깊이와 넓이이기에, 작고 위축된 움직임으로 표현해서는 안 된다. 십자가의 표시가 기름이나 재로 이마 위에 그려질 때, 기름과 재를 기다리는 행렬이 길어진다 하더라도 그것은 매순간 사려 깊고 명확하게 행해져야 한다.

성만찬 기도The Eucharistic Prayer

성만찬 기도를 드릴 때의 집례자의 움직임 역시 지속적인 연습을 통해 숙지되어야 한다. 예배 집례자 스스로 성만찬 기도와 그에 따른 몸의 동작이 유기적으로 통합되었다고 느낄 때까지 훈련해야 한다. 〈감사기도 제 2양식Eucharistic Prayer II〉에서의 성령임재 기원epiclesis은 그에 따른 몸 동작에 대한 지침을 포함하고 있다.

온 세상 모든 거룩함의 근원이신 주여,

당신은 거룩하십니다.
예수 그리스도시여,
당신의 성령을 따라 거룩하게 하는 은혜를 내리시어
주의 몸과 피가 우리 가운데 임하게 하소서.

위의 성령임재 기원에 해당하는 몸의 움직임은 다음과 같이 제안한다.

손과 팔을 쭉 뻗고, 손바닥을 위로;
서서히 손과 팔을 어깨 높이 위로 올린다;
두 손의 손바닥이 아래를 향하도록 모아,
헌물 위로 두 손을 낮춘다;
손바닥을 모으고 모아진 손을 몸 방향으로 당긴다;
오른 쪽 손을 빼어,
헌물 위에서 명확하고 침착하게 성호를 그린다;
오른 손을 다시 왼 손과 모으고 절**bow**을 한다.

몸의 한 동작 한 동작이 하나의 마디를 형성하되, 전체 동작이 자연스러운 흐름을 타고 움직이도록 해야 한다. 예배 집례자는 위에 기술한 일련의 몸 동작을 자연스럽게 익힐 때까지 침묵하며 반복해 훈련해야 한다. 후에 언어가 덧입

혀질 때, 언어와 몸짓은 리듬의 통일성으로 분명히 하나의
말을 하게 된다.

| | |
|---|---|
| _ 손과 팔을 쭉 뻗고, 손바닥을 위로 하여 서서히 손과 팔을 어깨 높이 위로 올린다.<br>_ 두 손의 손바닥이 아래를 향하도록 모으고, 헌물 위로 두 손을 낮춘다.<br>_ 손바닥을 모으고, 모은 손을 몸 방향으로 당긴다. | 거룩하신 하나님<br>하나님께서는 모든 거룩함의 샘이 시옵니다.<br>간구하오니<br>성령의 능력으로 이 예물을 거룩하게 하시옵소서. |
| _ 오른 손을 펴서 헌물 위에 성호를 그리고, 오른 손을 왼 손과 모아 그리스도 앞에 절한다. | 우리 주 예수 그리스도의<br>몸과 피가 되게 하소서 |

회중을 위한 기도 Prayer over the People

우리는 앞에서, "머리를 숙이고 하나님의 복을 빌며 기도
하자"는 집례자의 초대를 예배 참석자들이 부담스러워 한다
는 사실에 대해 이야기한 바 있다. 그러나 성직자나 사제가
하나님의 복을 빌며 기도할 때에 취하는 행동에 관해서는
이야기하지 않았다. 성례전에 대한 전문에는, "성례전에서
회중들 위로 손을 뻗는 성직자의 몸짓은 일반적인 기도에서
손을 뻗는 몸짓과 다르기 때문에, 회중을 위해 하나님의 복

을 비는 성직자나 사제의 기도 행위가 진정으로 의미를 갖기 위해서는 조심스럽게 이루어져야만 한다"고 씌어 있다. 물론 기도할 때 취해야 하는 동작에 관한 명확한 묘사는 없다. 하지만 단서가 있다. 그것은 강한 움직임이어야 한다는 것이다. 마치 예배를 시작하면서 예배 집례자가 온 회중을 맞이하던 몸짓 혹은 동작과 같이, 이 몸짓 역시 온 회중을 축복하시는 하나님의 마음을 전달할 수 있어야 한다.

왜냐하면 새로운 의식에서 움직임을 위해 지시하는 바는, 측정된 법적 언어를 통해서가 아니라 위와 같은 몸의 언어로 주어지기 때문이다. 이러한 지시는, 이전보다 집중적인 연구와 연습을 필요로 한다. 만일 사제가 움직임에 있어 실수를 범할 수도 있다는 걱정에서 해방되었다면, 그 사제는 그가 할 수 있는 최선의 도전에 직면하게 된 것이다.

성만찬 기도를 위한 예비 대화 The Preface Dialogue

성만찬 기도는 집례자와 회중 사이의 대화로 시작된다. 성례전에 적절한 예비기원을 하는 시간은 이러한 대화가 이루어지기 이전이며, 사제가 회중과의 대화를 이어가는 동시에 성만찬의 전방을 자세히 살핀다는 것은 주의를 산만하게 만든다.

『로마예배경본 총지침』108항은, 성만찬 기도를 위해 대화가 진행되는 동안 집례자가 취해야 할 동작에 대해 묘사하고 있다. 회중의 움직임에 관해 다룰 다음 장에서, 이미 대화를 나눈 후에 사제가 혼자 움직이는 동안 사제와 회중이 언어나 몸짓을 통해 어떻게 대화를 나눌 수 있는지에 관해 대략적으로 설명하고자 한다.

교회 절기에 따라서 또는 목회적 필요 때문에, 미리 정해지지 않은 움직임도 요구될 수 있다. 내가 예배연구가로 일했던 교구에서는 고해성사 기간 동안, 지금은 익숙한 공동 의례로 자리잡은 입당행렬을 시작했다. 입례송이 끝날 때, 행렬은 제단 앞에서 멈춘다. 성호를 그리고 몇 마디의 안내가 있은 후에, 사제들은 성단소의 가장자리에 무릎을 꿇고 사람들은 의자 곁에 무릎을 꿇는다. 잠시 동안의 침묵과 고요의 시간에 이어, 성가대의 선창자 혹은 성가대가 자비송 Kyrie을 시작하고, 모든 사람들이 참여한다. 자비송이 끝날 때, 모두가 일어서고, 사제들은 기도를 위해 정해진 위치로 돌아간다.

『로마예배경본 총지침』에서의 움직임에 관한 규정에 대한 지식은, 그것이 지시하는 방향성과 그것이 초대하는 민감성을 통해, 힘이 있으나 자신을 내려놓는 예배적 움직임이 가능하도록 인도할 것이다. 기도 속에 그리고 자신의 공동체 속에 현존하며 동시에 자신이 드러나지 않고자 하는 집례자의 소망은, 회중을 사로잡는 성숙한 몸의 움직임을 수행하며, 나아가 하나님 한분에 대한 집중을 유도할 것이다.

이번 장이 시작될 때 언급했던 미국 주교들의 두 가지 진술은 매우 진지한 것들이었다. 저들의 진술이 진지한 반성 reflection을 전제한 것이었다는 점을 한 가지 사례를 통해 설명하고자 한다. 몇 해 전 여름, 나는 사제들을 위한 예배갱신모임에 참여하여 강의하고 있었다. 하루는 한 참석자가 지난 주간에 얻었던 경험에 대해 다음과 같이 이야기하였다.

나는 어젯밤 캐롤린이 우리에게 강의하고 있는 예전적 움직임에 관한 내용들이, 나를 포함한 우리 교인들에게 정말로 도움이 될 것인가를 궁금해 하며 침대에 앉아 있었습니다. 나는 잠시 이 의문에 대하여 웃어넘겨 버리고 잊어버릴 것인가 하는 생각도 하였습니다. 그 순간, 내가 어렸을 때 참석했던 교회 헌당식에서 조심스럽게 한 쪽 무릎을 꿇고 기도하던 사제가 기억났습니다. 나를 감동시켰던 그분의 무릎 꿇음에 관해 생각하면서, 그가 진실한 신앙을 가지고 있었다는 사실이 새롭게 나를 감동시켰습니다. 지금, 나는 사제

 잃어버린 춤

입니다. 이제 나의 교구로 돌아가게 되면, 나 역시 겸손하게
무릎 꿇고 기도하는 일을 잊지 않고 기억할 것입니다. 왜냐
하면 언젠가 나의 교인들 가운데 나와 같은 한 젊은이가 나
올 수 있을 것이기 때문입니다….

# 12장
# 그리스도 안의 한몸
## One Body in Christ

삼위일체이신 하나님을 예배하고자 엎드린 사람들에게 은총을 내려주소서. 그들을 완전하게 하시고, 다가올 축복과 은총을 위한 몸의 자세를 마음에 새겨 주소서.[1]

우리가 회중의 행동이나 몸짓 그리고 몸의 움직임에 대하여 생각할 때, 그 중 몇몇 움직임은 성직자나 사제들에 의해 가장 잘 인도되고 교육될 수 있다 하더라도, 다른 특정한 행동이나 몸짓들은 움직임 예술가 혹은 예배춤 사역자에 의해 인도되고 교육되는 것이 적절할 것이다. 이 중 후자에 대해서는 다음 장에서 다룰 것이다. 이번 장에서 우리는, 회중이 몸의 동작과 함께 기도할 수 있도록 돕기 위해 성직자와 움직임 예술가가 서로 협력하게 되는 세 가지 '장면'에 대해 알아보고자 한다. 이 장면들은 허구가 아닌 필자의 경험에서 나온 이야기들이다. 첫 번째는 설교와 성찬식 후의 장면이고, 두 번째는 교구 가족들을 위한 한 시간짜리 워크숍 장면이며, 세 번째는 지난 주의 설교와 워크숍에서 배운 내용들을 통합해서 구성한 예배 장면이다.

## 장면 1: 설교A Homily

가톨릭 교인들은 성례전을 중시하는 사람들이다. 그리하여 눈에 보이지 않는 신앙의 내적 실재를 눈에 보이는 표징으로 표현하고 또한 주고 받으면서, 외적인 형태와 내적인 의미가 어떻게 연결되는 지를 잘 알고 있다. 이것은 가톨릭 교회의 매우 긍정적인 측면이다. 인간은 내적인 의미와 외적인 형태가 하나로 통합된 존재로 창조되었다. 이는 몸과 마음과 영, 그리고 감성이 하나로 통합되었다는 뜻이기도 하고, 영이 육화되었다는 뜻이기도 하다. 그러나 시간이 흐르면서, 이러한 인간의 순수성은 범죄로 인해 파괴되었으며, 그 결과 인간들 사이는 물론 우리 인간과 창조주 사이에 분리와 분열이 모두 발생하고 말았다. 그리하여 하나님께서는 스스로 창조하신 모든 것을 회복시키기 위하여 인간

의 몸을 입고 이 땅에 오셨다. 우리 인간의 일부만을 회복시
켜 하나님께로 돌려드리기 위해 예수님이 십자가에 달리신
것은 아니다. 예수님은, 우리 존재의 "마지막 한 조각과 한
오라기" 까지 전인적으로 구원하기 위해 그렇게 하신 것이
다.[2]

이러한 이유로 주님은, 우리의 영적인 자아뿐만 아니라 육
적인 자아까지를 언제나 예배에 초대하신다. 따라서 교회
는 예배 참여자들이 오감을 통해 주님을 만날 수 있도록 예
배를 준비하고 회중을 초대해야 한다. 인간의 오감은 다음
과 같다. 양초와 스테인드글라스, 건축물 등의 예술 작품을
통해 주님을 만나는 시각; 음악과 언어를 통해 주님을 만나
는 청각; 향료와 향유 그리고 꽃의 향기 등을 통해 주님을
만나는 후각; 손 위에 뿌려지는 기름과 성수를 통해 주님을
만나는 촉각; 그리고 빵과 포도주를 통해 주님을 만나는 미
각 ….

또한 교회는, 몸의 동작과 행동, 곧 움직임의 언어로 기도
하고 예배할 수 있도록 회중을 초대해야 한다.

성서 속에는, 몸의 움직임을 통해 하나님을 알고 예배드리
도록 하는 권면으로 가득하다. 시편 95장은, "자, 우리가 허
리를 굽혀 경배하며 우리를 만드신 야훼 앞에 무릎을 꿇자"

고 말한다. 우리는 경배하기 위해 허리를 굽히거나 무릎을 꿇는다. 우리는 몸의 행동으로 하나님께 말을 건넨다. 우리는 또한, "우리를 지으신 주" 앞에 선 우리가 누구인지를 알기 위해 허리를 굽히고 무릎을 꿇는다. 따라서 우리의 행동은 하나님의 사람들인 우리 자신에게 말을 건네는 것이기도 하다.

시편 63장 5절은 "내가 손을 들고 주의 이름을 외칠 것입니다" 라고 말한다. 매우 오랜 이 몸짓은, 우리들로 하여금 몸의 움직임을 통해 기도하고 찬양하게 해주며, 그러한 몸의 자세를 우리 가슴에 새기도록 해 준다.

다니엘서 10장에서, 주님의 한 천사가 두려움 가운데 엎드려 있는 다니엘에게 말하기를, "일어나라, 나의 하나님께서 나를 너에게 보내셨다"고 하였다. 이 말씀을 따라 우리는, 우리를 위하여 남기신 예수님의 복음의 말씀을 듣기 위하여 자리에서 일어서는 것이다. 그렇게 하는 이유는, 서있는 자세가 앉아 있는 자세보다 빠르게, 말씀에 순종하기 위해 움직일 수 있기 때문이다. 또한 서 있는 자세는 우리가 주의를 기울이고 있음을 증명하는 동시에, 우리가 예배드릴 준비가 되었다는 점을 스스로에게 상기시키는 것이기도 하다.

집회서 50장에서 우리는 이스라엘의 하나님을 경배하며, 하나님의 은총을 받기 위하여 사람들이 땅 위에 꿇어 엎드 렸었다는 사실을 발견한다.

이러한 행동은 오늘날에도 우리의 예배에서 일어나는데, 바로 성 금요예배**the Good Friday**의 입당 의식이다. 그러나 한 가지 아쉬운 점이 있다. 사제들이 제단 앞에 엎드릴 때, 예배에 참여한 회중도 의자를 모두 밀어내고 주님을 향한 사제들의 철저한 경배에 함께 참여할 수 있으면 얼마나 아 름답고 좋을까?

초대교회 교부들은, 기도를 드리는 동안 몸의 행동과 몸짓 을 함께 사용할 것과 하나님을 영화롭게 하기 위해 춤을 출 것을 자주 이야기하였다. 하지만 후에 그리스도교 역사에 서는, 몸의 움직임을 덜 중요한 것으로 여기게 되었다. 그 리고 오랫동안 교회는, 하나님을 섬기는 마음으로부터 비 롯된 온전하고 흠 없는 몸짓이 얼마나 아름다운지 깨닫지 못했고, 결국 그 아름다움을 바라보는 시력을 잃고 말았다. 하지만 최근 로마와 미국 주교들은, 교회 문서를 통해 인 간의 전인성에 대한 새로운 인식을 반영하며, 예배하며 기 도하는 가운데 몸의 움직임을 사용하도록 권면하고 있다. 이 문서들은 예전적 움직임을 통한 기도의 전통을 밝히면서, 행동과 몸짓 그리고 예전적 움직임을 통해 예배에 참여할 것을 요구한다. "예배에서의 예술과 몸의 언어The Arts and the Body Language of Liturgy"라고 제목을 붙인 『가톨릭 예배에서의 환경과 예술』의 한 장에서는, 집례자와 회중을 막론하고 예배에 참여하는 모든 이들은 '일상적이지 않은 내용'의 기도를 '일상적인 몸의 움직임'으로 표현할 것을 권한다.3

일상적이지 않은 내용을 가지고 예배하고 기도하는 동안, 우리가 취할 수 있는 세 가지의 일상적인 움직임들을 잠시 살펴보도록 하겠다.

첫째는 십자가 성호를 긋는 것이다: 이 표시를 할 때에**설교자는 다음과 같이 말하면서 성호를 긋는다**, 우리의 삶에서 예수님의 구속의 십자가가 갖는 바로 그 높이와 깊이와 넓이에 우리들 자신을 맡기고, 십자가를 통해**설교자는 손을 모은다** 예수께서는 받아주시고 우리 존재의 마지막 한 조각까지도 구원하셨다는 것을 인정하게 된다**설교자는 가볍게 허리를 구부린다**.

둘째는 고개를 숙이는 것Bowing이다. 이 동작은 "성령으로 잉태하사 동정녀 마리아에게 나시고"라는 사도신경의 구절을 낭독할 때마다 행하도록 요구되는 것이다. 한쪽 무릎을 꿇거나, 혹은 두 무릎을 꿇음으로써 경배하는 것은 우리 자신을 낮추는 의미의 동작이다. 이는 또한 우리의 몸짓으로 하나님께, "당신은 전능하신 하나님이십니다"라고 고백하는 것이다.[4] 예배의 마지막 순서에 집례자는 "여러분, 이제 머리를 숙이고, 하나님의 복을 빌며 기도하십시오"라고 말한다. 우리는 머리와 마음과 전 존재를 숙이고, 사제는 우리를 위한 축복의 기도를 올린다. 이러한 몸짓이, 우리로 하여금 올바르게 설 수 없도록 하는 길 한가운데서도 말씀을 듣도록 도우며, 반듯이 하나님의 축복을 받도록 초대할 것이다.

마지막으로 평화의 인사이다. 터툴리아누스는, 이 몸짓이 기도의 확증이며, 따라서 어떠한 예배도 평화의 인사 없이는 온전해질 수 없다고 단언했다. 그는 예배 참여자들에게, 자비심을 기르는 방법의 하나로 이 인사를 주고 받도록 권면했다. 따라서 예배에서 나누는 평화의 인사는 단순히 사회적 예의를 지키는 행위가 아니라, 우리가 하나 되어 주님의 식탁으로 나아가도록 준비하는 성례전적 행동인 것이다.

그리고 일상적이지 않은 감각을 가지고 우리의 믿음을 표현함으로써 기도를 마치도록 한다(가능하다면 설교자는, 천천히 그리고 사려깊게 아래와 같이 말하면서 몸을 돌려 사람들과 십자가에 못 박힌 예수상과 마주한다).

 잃어버린 춤

하나님 아버지와

독생자 예수

그리고 성령의 이름으로

아멘.

## 성찬식 후 안내Post-Communion Announcement

오늘 오후 2시 30분부터 교구회관에서, 캐롤린이, 모든 교구 가족들을 대상으로, 한 시간 동안 몸의 움직임에 관한 강연과 집회를 인도할 것입니다. 편한 옷을 입으시고, 마음껏 움직이고 기뻐하고 기도할 마음의 준비를 하고 오십시오.

## 장면 2: 교구 워크숍A Parish Workshop[5]

자, 우리 모두 회관의 한 가운데로 모입시다. … 그리고 마루에 앉도록 합시다. … 마루 바닥에 그냥 앉기 어려운 분이 계시면, 의자를 가지고 와서 앉으셔도 됩니다. … 안녕하세요. 만나 뵙게 되서 반갑습니다. 오늘 우리는 함께 휴식을 취하면서, 서로서로 그리고 하나님과 함께 즐거운 시간을 갖고자 합니다. 한 가지 부탁이 있습니다. 제가 만일 여러분이 따라 하기에 힘든 무언가를 요구한다고 생각이 들면 오늘 모임에는 참여하지 않고 다음에 오셔도 좋습니다.

오늘 아침 제가, 여러분들이 움직임의 감각을 지녔다고 말씀드린 것을 기억하십니까? 그것을 운동 감각이라고 합니다. 이제 눈을 감으세요. … 한 손을 들고 앞으로 팔을 뻗으세요. 그리고 천천히 손을 올리고 팔을 올려 머리 뒤로 넘기세요. … 그리고 서서히 손과 팔을 내리세요. … 그리고 눈을 뜨세요. … 여러분은, 방금 제가 움직인 것이 자신의 발이 아니라 손과 팔이었다는 사실을 어떻게 알았습니까? 손과 팔을 위 아래로 움직였다는 것은 어떻게 알았습니까? 여러분의 운동 감각이 바로 여러분 자신에게 말해 주었기 때문입니다! 여러분은 여러분의 손과 팔이 움직일 때, 그 움직임 자체를 눈으로 보거나 귀로 듣거나 손으로 만지거나 입으로 맛을 보거나 냄새를 맡지 않았습니다. 그저 그것을 느낀 것 뿐입니다. 이것이 바로 운동 감각입니다. 운동 감각은 지금 내 몸이 어떻게 움직이고 있는지를 나 자신에게 말해주는 감각입니다. 우리는 오늘 오후에 이것을 깨닫게 되었습니다. 자, 이제 준비가 되셨습니까? 만일 여러분이 신발을 벗어 던질 수 있다면 보다 편하게 움직일 수 있을 것입니다. 저는 여러분들을 위해 바닥을 깨끗하게 닦아 놓았습니다.

자, 이제 여러분 각자가 이 방 안에서 다소 일정한 공간을 확보할 수 있도록 흩어지세요. 이 방 전체가 여러분으로 가득 채워지도록 그렇게 흩어지세요. 이 쪽 가운데도 마찬가지구요. … 자, 이제 나의 몸이 펴지는 느낌이 들도록 스트레칭 동작을 취해봅시다. … 몸의 모든 부위를 힘껏 뻗으세요. … 주님의 날에 여러분이 살아있고 깨어있다는 사실을 느끼면서 그 느낌을 마음껏 표현해 보세요. … 좋습니다.

우리는 교회에 나올 때마다, 어떤 일에 대한 분노나 걱정들을 기꺼이 잊겠노라고, 이제 그 모든 문제들을 하나님께 맡겨드리오니 나를 치유해 주십사고 기도하곤 합니다. 자, 오늘은 내 마음의 기도가 눈에 보이는 내 몸의 동작으로 표출될 수 있도록, 여러분의 손과 팔, 그리고 어깨**축 쳐진**로부터 모든 걱정을 털어 버리세요. … 여러분이 가지고 있는 모든 걱정과 분노를 가장 먼저 머리와 목으로부터 털어 버리세요. … 이번에는 자리에서 일어나서 그 걱정과 분노를 한 쪽 발과 다리로부터 털어내도록 하세요. … 그리고 다른 쪽 발과 다리도 그렇게 하세요 … 그렇게 해서 여러분의 몸 전체로부터 분노와 걱정을 털어내 버리세요. 여러분 가슴에서, 그리고 여러분의 목소리에서도 털어 내세요. 자, 우리 모두 그렇게 합시다!

이제 잠시 자리에 앉으세요. 여러분의 앞쪽으로 다리를 펴고 앉으세요. 그리고 여러분 뒤쪽 바닥 위로 손을 올려 놓으세요. … 의자 위에 앉으신 분들도 그렇게 할 수 있습니다. 발목을 뒤쪽으로 구부리고, 뒤로 이동시키세요. … 이제, 계속 여러분의 발목을 뒤로 보내세요. 발가락을 구부리고, 양쪽 발바닥이 서로를 향하도록 돌리세요. … 무릎은 구부리지 마세요. … 이 동작은 여러분의 발을 위한 것입니다. 자, 이제 발을 제자리로 돌려 보내세요! 한번 더, 발목을 뒤로, 발가락은 위로, 발은 서로 마주보게 하고, 자, 다시 한 번 시작! … 사람마다 각각의 발 안에 족궁을 가지고 있는데요, 이 동작은 족궁을 강하게 해 주는 좋은 동작입니다.

이제 다시 일어납시다. … 빨리 할 수 있겠어요? 물론 여러분들은 할 수 있습니다. 한 쪽 발을 들어올리세요. … 이번엔 다른 쪽 발을 들어 올리세요. … 그리고 양쪽 발로 뛰어

오를 텐데 가장 높은 지점에서 손과 발이 닿도록 해 보세요.
… 자, 이번에는 앉아서 해 보세요. … 이번에는 누워서 해
볼 거예요. … 그리고 다시 일어서세요. … 이 동작을 방안
을 두루 돌아다니며 반복해서 해 보세요. … 한 곳에 멈추지
마세요. … 그리고 쉬세요. … 우리가 교회에서 자주 부르는
노래가 있지요. "이 날은 주께서 지으신 날일세. 우리 함께
찬양하고 그 안에서 기뻐하세." 지금까지는 이 노래를 몸 동
작 없이 제자리에 서거나 앉아서 부르곤 했지요. 오늘은 우
리 모두 함께 뛰면서 노래를 불러 봅시다. "이 날은 주께서
지으신 날일세. 우리 함께 찬양하고 그 안에서 기뻐하세." 사
람마다 각자 뛰어오르는 방법과 모습은 다르겠지만, 그러나
우리는 같은 리듬 속에 함께 있을 것입니다. 만일 여러분이
뛰어오르는 동안, 누군가 마주치게 된다면 그 사람에게 "이
날은…"이라고 분명히 선포하게 될 것입니다. 준비됐습니
까? 이제 시작합니다… 이제 쉬세요. 발이 풀리도록 털어보
세요… 손도 마찬가지로 털어주세요….

팔을 돌릴 수 있으세요?… 천천히 자유롭게… 뒤로 앞으로,
옆에서 옆으로, 혹은 둥글게… 팔의 회전을 따라 몸이 휴식
을 취하도록 하세요… 침착하시고요… 잠시 쉬세요… 저는
여러분들이 이 이야기를 기억하기 바랍니다.. 예수님께서 어
느 마을에 오셨을 때, 두 명의 자매를 찾으셨습니다. 식탁
을 치우고 마루를 닦기 위해 열심히 일했던 마르다는 이러
한 스윙 동작을 취했을 것입니다**강하고, 단단하며, 열심히 일하
는 느낌을 주는 듯한 인도자의 스윙 동작**. 그녀의 동생 마리아는, 일

은 전혀 하지 않고 자리에 앉아 예수님의 말씀에 귀를 기울였습니다. 그녀는 이러한 스윙 동작을 취했을 것입니다**완전히 긴장이 풀어져 모든 것이 곧 중지될 듯한 인도자의 스윙 동작**. 오늘 우리의 스윙 동작에는, 마리아의 동작과 마르다의 동작이 모두 들어있습니다. 물론 이런 몸의 동작과 움직임은 기본적으로 자유로운 것이지만 그 동작을 지속하는데 많은 노력이 필요한 움직임도 있습니다. 우리는 흔들거리면서 계속해서 말을 할 것입니다, "주여, 당신의 뜻을 따르기 위해 나옵니다. 주여, 당신의 뜻을 따르기 위해 나옵니다. 주여…"

자, 이제 모두 손을 펴 보겠습니다. … 넓게 … 그리고 오므리세요. … 주먹을 쥐시고 … 다시 펴세요. … 그리고 쥐었다가 다시 펴세요. … 이번에는 머리와 함께 열고 … 닫고… 열고… 그리고 심장을 포함한 내 존재의 모든 것을 통해 열었다 … 닫았다 … 열었다 … 그리고 하늘과 바람과 바다와 새들을 만드신 하나님을 향해 나의 모든 것을 열어 놓은 채로 멈추세요. … 그리고 이제, 닫으세요. 자, 다시 한 번 내 안의 모든 것들을, 나를 창조하시고 내 안에 거하시는 하나님께 … 바치는 심정으로 나를 활짝 열도록 해 보세요. 살아계시고 지금 우리 안에 거하시는 하나님께 열어보세요. … 그리고 모든 이를 향해 열어보세요. … 그리고 이제 내가 "닫으세요" 라고 말하면, 최소한 주변에 있는 다른 한 사람을 안으세요. … 닫으세요! … 주님의 사랑이 당신과 함께 하시기를!

이제 다른 동작과 움직임을 연습해 보겠습니다. 일어서는 동작, 무릎을 꿇는 동작, 혹은 한 쪽 무릎을 꿇고 경의를 표하는 동작, 그리고 머리를 숙이는 동작들인데요, 우리는 이러한 동작을 취할 때마다 높아지기도 하고 낮아지기도 합니다. 이제 잠시 동안, 여러분 각자가 일어서기도 하고 숙이기도 하는 동작을 자유롭게 취하면서, 낮아지는 것과 높아지는 것의 기분을 느껴 보도록 하겠습니다. 높아지고 낮아지는 또다른 방법을 찾아서 실험을 해 보세요. 높아지고 낮아지는 새롭고 흥미로운 방법을 찾아 보세요 ….

자, 이제 앉으세요 … 가장 편한 자세로 앉아 보세요 … 눈을 감으세요 … 앉은 채로 이번에는 몸을 흔들어 보세요 … 뒤로 그리고 앞으로, 또는 옆에서 옆으로 … 흔들리는 기분이 잘 느껴지도록 움직이세요 … 할 수 있으면 눈은 감은 채로 그렇게 해 보세요 … 자, 이제 흔들기를 멈추고 눈을 뜨세요 … 먼저 이 자리에 함께 한 장년 교우들을 위하여 제가 기도문을 두 번 읽도록 하겠습니다. 첫 번째는 그냥 듣기만 하세요. 그리고 제가 두 번째 읽을 때는, 움직이면서 기도를 들으면서 몸을 움직여 보도록 하세요. 이제 시작합니다.


나에게 귀를 기울이시고 응답하소서.
나의 간절한 부르짖음을 외면하지 마소서.
내 마음이 근심으로 편치 못하여 탄식합니다.
내가 내 원수들의 위협에 두려움을 느끼며
악인들의 압력에 시달리고 있습니다.
그들은 나에게 고통을 주며 원한을 품고 있습니다.

 잃어버린 춤

내가 비둘기처럼 날개가 있다면
날아가서 편히 쉴 수 있을 텐데
폭력과 투쟁으로부터
쉼터를 찾아 서두를 텐데<sup>시55:2-4a, 6a,7,9</sup>


이번에는 어린이들을 위하여 기도하는 시간을 갖겠습니다. 어린이들은 어른들보다 좀 더 세게 몸을 흔들며 기도해 보겠습니다. 어른들께서는 아이들과 제가 방 가운데로 모이는 동안, 더 큰 원을 그리며 앉아 주세요. 어린이들을 위해서 저는 말씀을 두 번 읽도록 하겠습니다. 어린이 여러분들도 처음에는 듣기만 하시고, 두 번째 읽을 때 말씀을 따라 몸을 흔들어 보세요.


나의 말을 들으소서, 하나님.
내 기도를 들으시고 답을 주소서.
내가 슬프고 두려운 까닭에 몸을 흔듭니다.
나를 잡아주소서, 하나님.
나를 잡으셔서 진정시키소서
내가 더 이상 슬퍼하거나 두려워하지 않을 때까지.[6]


자, 이제 어른 아이 모두 함께 하는 동작을 해 보겠습니다. 우리 모두 재미 있게 해 봅시다. 여러분, 돌기입니다. 모든 가능한 방법으로 돌아보세요 … 서로 부딪치지 않도록 하세요! 어서 일어나세요 … 이제 뛰어 보겠습니다 … 모두 같은 방향으로 뛰어 주세요 … 걱정하지 마세요. 여러분 모두 아주 잘 하고 있습니다 … 제가 박자를 맞추겠습니다 **속도는 빨라야 하고, 어른들과 아이들에게 마찬가지로 편안해야 한다**. "팔짝, 팔짝, 팔짝,…" 좋아요, 이번에는 반대 방향으로 돕시다. 이번엔 저와 함께 "팔짝"이라고 외쳐 주세요… 이번에는 뛰면서 무엇이든 말해 보세요. 너무 깊게 생각하지 마시고 생각나는 것을 그대로 말해 보세요. 자, 시작! … 좋아요. 이제 앉아서 잠시 쉬도록 하세요. 방금 전에 뛰면서 무슨 말을 했나요? … 이제 큰 원 대형으로 둘러 앉아서, 방금 전 뛰면서 말했던 내용을 한 사람씩 이야기해 봅시다. "난 이제 하나님께서 춤추기를 좋아하신다는 걸 알았어요." 네, 좋아요. 이번엔 우리 모두 박자에 맞추어 박수를 치면서 무릎을 굽혔다 펴면서 함께 말해 볼까요? "난 이제 하나님께서 춤추기를 좋아하신다는 걸 알았어요."

이제 앉으세요 … 누우세요 … 이제 휴식을 취하도록 하겠습니다. 등을 바닥에 대고 편히 누우세요 … 옆으로 팔을 펴시고, 손바닥은 위를 향하게 하세요. 팔꿈치는 살짝 구부리시고, 양 다리는 나란히 바닥 위에 편히 놓으세요. … 눈은 살짝 감으세요… 숨은 천천히 쉬세요… 배와 이마, 턱을 편히 하시고 … 쉼과 편안함, 그리고 고요 등에 대하여 느껴 보세요. 우리는 많이 움직였습니다. 이제 우리는 고요합니다. 때로는 움직이는 것이 좋습니다만 때로는 멈춰 있는 것도 좋습니다. 하나님께서 우리에게 말씀하실 때에, 우리가 멈춰있지 않으면 그분의 말씀을 들을 수가 없습니다. 교회에서 움직이고 이야기하며 찬양하는 것도 좋지만, 그와 마찬가지로 고요히  멈추어 서서 우리 안에서 움직이시고 말씀하시는 하나님을 느끼는 것 또한 좋은 일입니다 **인도자는 계속하기 전에 잠시 조용한 가운데 정지 상태를 유지하도록 한다**.

이제 일어나 앉아서 두 가지 움직임으로 오늘의 시간을 마무리하겠습니다. 여러분이 십자가 성호를 그리는 동안 저는 기도문을 읽도록 하겠습니다.

---

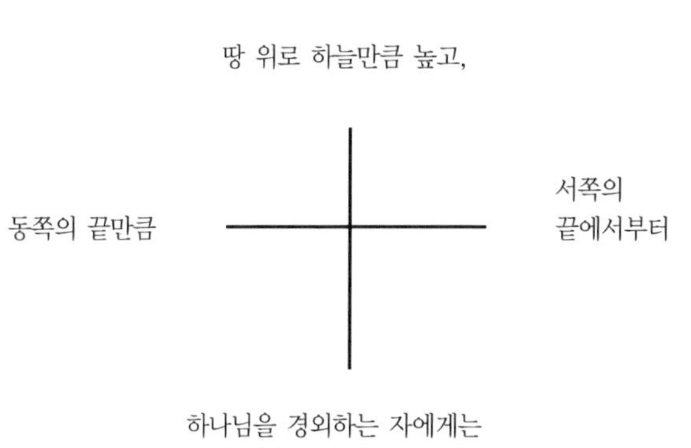


(말하는 동안 두 팔을 벌리면서)
주님은, 지금까지 당신에 대한 믿음을 가진
이들을 안아주기 위해 오십니다.


(손바닥을 모으고 이야기하는 동안 고개를 숙이면서)
주님의 이름으로 기원합니다.

---

십자가 성호 긋기는 일차적으로 가톨릭 교회를 연상시키지만, 동시에 많은 개신교 공동체가 추는 믿음의 춤과도 깊은 연관이 있습니다. 나는 평신도들과 성직자들을 대상으로 그리고 여러 그리스도교 신학교에서 이것을 가르쳐 왔습니다. 수 개월 전, 개신교의 어느 연합 모임에서 강의하고 있을 때였습니다. 잠시 쉬는 시간에, 어느 신사분이 제게로 와서 물었습니다, "우리에게 성호 긋기를 가르치는 것은 아니지요?" 여러분, 이제 예배드릴 때처럼 대형을 정비해 주세요… 가운데 통로도 비워 두시고요 … 제가 앞에서 여러분들을 볼 수 있도록 해 주세요. 한 발 간격으로 서서 옆에 계신 분의 발을 밟지 않도록 하세요. 자, 이제 모두가 한몸이 된 기분으로 저와 함께 옆에서 옆으로 발을 구르도록 하겠습니다**인도자는 무리 앞에 서서 무리가 왼편으로 발을 구를 때, 오른쪽으로 발을 구른다**. … 이렇게 발을 구를 때면 여러분은 무릎을 구부릴 수밖에 없지요. … 자, 이제 옆 사람들이 무릎을 구부리며 발을 구르는 모습을 보면서, 우리가 한몸처럼 움직이고 있다는 사실을 느껴 보세요 … 이번에는 손을 들어 머리 위로 팔을 뻗으면서 네 박자로 발을 구를 것입니다 … 그리고 머리 위로 네 번 박수를 치는 동안 계속해서 발을 구릅니다 … 다음 네 박자 동안에는 팔을 아래로 하고 발을 구르고요, … 여러분들 앞쪽에서 네 번 박수를 … 이번에는 옆사람의 손을 잡고 하나 된 몸으로 발구르기를 계속합니다 … 이제 우리가 모두 잘 아는 노래, "새 노래를 부르자"[7] 를 부르도록 하겠습니다. 노래를 부르는 동안 함께 움직이세요.

 잃어버린 춤

주께 새 노래를 부르자;　　　머리 위로 끝까지 천천히 손과 팔을 올린다

산과 같이 높여 노래하라.　강조되는 음절에서는 머리 위에서 박수를 치고

주께 새 노래를 부르자,
알-렐-루-야, 찬양.　　　천천히 손과 팔을 내리고 강조되는 음절에서 박수

(간주 동안)　　　　　양편의 사람과 손을 잡고 함께 발로 뜀을 뛴다

앞에서 설명한 내용을 교회에서 실행하게 될 때, 참가자들은 합창을 부르는 동안 제 자리에 서있는 대신 행렬로 통로를 따라 움직이게 된다. 새로운 절이 시작될 때, 인도자는 행렬로 움직임을 멈추게 하고 좌우편 사람의 손을 잡게 한 후, 찬양이 계속되는 동안 몸을 좌우로 움직이게 한다. 그리고 다시 시작한다. 합창이 반복될 때 마다, 참가자들은 제단을 향해 앞으로 계속해서 움직인다. 위의 찬양은 하나의 예이다. 각각의 예배 공동체는 자신들에게 익숙한 찬양을 선택할 수 있고, 각 교구나 교회의 춤 예술가는 선택한 찬양에 적합한 예전적 움직임을 엮어낼 수 있다.

장면 3: 예전의식 A liturgy

여기서는 예전의식에서 사용할 수 있는 몸의 움직임을 수

반하는 기도에 대하여 알아보도록 한다. 이 중에서 어떤 것들은 전통적이며, 다른 어떤 것들은 새롭고 창조적인 것들이지만, 이들 모두는 전통을 기초로 만들어진 것이다. 그러나 특별한 경우를 제외하고는, 후자가 전자를 대체할 수는 없다. 그리고 몸의 동작을 수반하는 다양한 기도들을 한 주일에 다 교육할 수 없기에, 이 중에 어떤 동작들은 성직자나 사제에 의해, 또 다른 어떤 동작들은 춤 혹은 움직임 예술가에 의해 지속적으로 교육되어야 할 것이다. 어떤 공동체는 특정한 동작을 배우기 위해 지도자를 필요로 하며, 어떤 공동체는 이미 배운 것을 재차 확인하기 위해 지도자를 필요로 하고, 또 다른 어떤 공동체는 매 순간 지도자를 필요로 할 수 있다.

이곳 툭손Tucson의 한 교회에서는, 예배 집례자가 예배 전에 그날의 예배에서 사용하게 될 몸 동작을 미리 설명함으로써, 회중을 "비일상적인 감각"으로 초대한다. 만일 고해성사 기간이었다면, 무릎을 꿇거나 회개하며 가슴을 치는 동작이 되었을 것이다. 만일 회중이 하나 되기를 원하는 그리스도의 원하심에 응답하는 예배라면, 분명 손을 잡는 동작이 될 것이다. 예배춤 예술가는, 그날의 예배에서 사용하게 될 몸의 동작을 시범을 통해 가르쳐야 할 수도 있다.

　입당행렬과 십자가 성호 그리기에 대해서는 이미 본 장에서 설명하였다.

## 회개기도 The confiteor

　지금까지도 예배 의식에서, 전례법규를 따라 가슴을 치는 동작이 보존되고 있는 유일한 부분이 바로 회개기도 **confiteor** 중 "나의 생각과 나의 말 속에"라고 쓰인 부분이다. 이 예전적 동작에 대하여 로마노 구아디니 **Romano Guardini** 는, 이 동작이 마음의 벽을 내리쳐 그 문을 열고, 용서의 은총 속으로 들어가게 하기 위해서는, 우아한 내리침이 아닌 정직한 내리침이어야 하며, 이를 위해 우리는 집중해야 한다고 말한다. 가슴 위를 곧바로 내리치는 주먹에는 힘이 있어야 한다. 이 동작은 미세한 손가락 끝의 통김보다 훨씬 강해야 하는 것이다.

## 자비송 Kyrie

　라틴어나 영어로 자비송 **Kyrie** 을 부르는 동안 다음과 같은 예전적 움직임이 이루어진다.

**주여 자비를 베푸소서**

"주여 자비를 베푸소서"를 노래할 때에, 예배 집례자들은 주먹을 쥔 채 가슴에 대고, 손 바닥이 몸을 향하게 하며 가볍게 머리를 숙인다. 이 때 회중이 노래하며 움직이는 동안에는 집례자가 멈추어 서서 이 자세를 유지하고, 집례자가 노래하며 예전적 동작을 취하는 동안에는 회중이 멈추어 서서 그 자세를 유지한다.

**그리스도여 자비를 베푸소서**

"그리스도여 자비를 베푸소서"를 부르면서, 예배 인도자는 팔과 손을 벌린 채 머리를 들도록 한다. 이 때 회중이 노래를 반복하여 부르는 동안 자세를 유지한다. 예배 인도자가 노래를 부르는 동안에는 회중은 자신들의 마지막 자세를 유지한다.

**주여 자비를 베푸소서**

"주여 자비를 베푸소서"를 부르면서, 예배 인도자는 처음으로 돌아가 자세를 마무리 하는데, 회중이 노래와 동작을 반복하는 동안 그 자세를 유지한다. 그리고 회중은 예배 집례자가 꼿꼿하게 서서, 팔과 손을 자신들을 향해 펴고 기도를 하는 동안 고개 숙이는 마지막 자세를 유지한다.

전능하신 하나님께서 우리에게 은총을 베푸사,
우리의 죄를 사하시고 우리에게 영생을 주시리로다.

성서 봉독은, 우리 안에 들어오셔서 우리를 움직이고자 하시는 하나님의 말씀으로부터 시작된다. 성서 봉독자나 예배 집례자 혹은 춤 예술가는 회중으로 하여금 그들의 움직임을 멈추게 하고, 고요한 상태애 머물게 함으로써, 하나님의 말씀을 보다 잘 듣도록 해야 한다. 이를 위해 구술 언어로 설명해야 할 때도 있다. 특히 팔이나 다리를 심하게 꼬고 앉은 회중이 있을 때, 허리를 곧추 세우고 손을 양 무릎 위에 얹고 바로 앉도록 안내할 수 있다.

## 시편송 The Psalm

시편을 교독하거나, 리듬감 있게 규칙적으로 암송함으로써 회중을 단순한 움직임으로 이끌 수 있다. 이 때 회중은 선창자나 봉독자가 각구절을 낭독하는 동안 일정한 예전적 움직임의 마지막 자세를 유지할 수 있다. 원래 많은 찬송들은 몸의 동작을 전제하며 쓰여졌기 때문에, 이렇게 하는 것은 시편의 말씀을 낭송하는 자연스러운 방법처럼 보인다.

## 알렐루야 Alleluia

여섯 마디의 알렐루야를 포함한 찬송 이전의 알렐루야 성

<sup>가는</sup>나는 Jacgues Berthier의 "Benedicte Domino"의 멜로디를 사용하였다 [8], 동방교회의 예전적 전통 뿐만 아니라 이마, 입, 가슴 위에 십자가를 그리며 찬송하던 친숙한 3부 합창을 생각나게 한다. 이 예전적 움직임은 연속동작이 가능하다.

---

**알렐루야**

손바닥을 함께 모으고,
엄지 손가락을 가슴에 대고 가볍게 머리를 숙인다.

**알렐루야**

합친 손을 입술로 가져와 머리를 든다.

**알렐루야**

모아진 손을 이마로 가져간다.

**알렐루야**

팔을 위로 향해 벌리고 복음서를 향해 뻗는다.

**알렐루야**

서서히 손을 아래로 내리고,
팔은 계속 바깥쪽을 향해 뻗은 상태를 유지한다.

**알렐루야**

팔꿈치를 굽혀 손바닥을 모으고 엄지손가락을 가슴에 댄다.

---

복음서가 옮겨질 때, 예배 집례자는 예배 회중과 더불어 함께 움직임으로 그리스도의 말씀을 맞이할 수 있다.

사도신경 Th Creed

"성령으로 인해 동정녀 마리아에게 나시고, 인간의 몸이 되셨다" 는 말씀에 모두 머리를 숙인다.

성만찬 기도를 위한 예비 대화와 삼성송 Preface Dialogue and Sanctus

---

**주님께서 여러분과 함께**

예배 집례자는 모든 회중을 맞이하기 위해 손과 팔을 뻗는다.

**또한 사제와도 함께**

회중은 예배 집례자를 반기기 위해 손과 팔을 뻗는다.

**우리 마음을 다하여**

예배 집례자는 분명하게 힘을 주어 손과 팔을 머리 위로 든다.

**마음을 드높이 주님께 올립니다**

회중은 예배 집례자의 동작을 따라서 반복한다.


**우리 주 하나님께 감사를 돌립니다**

예배 집례자는 머리 위로 손을 모으고,

천천히 그리고 명확하게 가슴 높이로 손을 내린다


**주께 감사와 찬양을 돌리는 것이 마땅합니다**

회중은 예배 집례자의 동작을 따라서 반복한다.

---

"거룩, 거룩, 거룩" 이라는 단어가 나올 때 모두가 허리를 굽힌다. 그리고, "호산나 높은 곳에서" 라는 말에 모두가 허리를 세운다.


## 성찬 행렬 The Communion Procession

이 때 회중은 성서를 가지고 있을 필요가 없으며, 또는 프로젝터를 통해 스크린에 비추어서 읽을 필요도 없다. 행렬을 이루어 다른 사람들과 함께 걷는 회중의 성찬 행렬은 그 자체로 성례전적 행위이자 하나된 춤으로서 주목할 만한 가치가 있다. 또한 떼제[Taize]에서의 만트라 같은 노래는, 회중의 주의를 분산시키지 않으면서 공동체의 노래를 통해 예배 참여자들을 주의 성체로 인도하는 탁월한 방법이다.

## 성찬 수여 Receiving Communion

성찬을 받을 때 어떤 동작을 취할 것인지에 대한 문제는 앞에서 언급했던 마리아와 마르다에 관한 질문을 떠오르게 한다. "마르다"를 따르는 움직임 유형은 성찬 빵을 받으려고 손을 내민 채 능동적으로 다가선다. 그러나 "마리아"를 따르는 움직임 유형은 성찬 빵을 받기 위해 수동적으로 입을 연다. 두 가지가 모두 가능하다. 이 둘은 동전의 양면과 같은 것이다. 따라서 어떤 방식으로 성찬을 받는다고 해도 모두 의미 있고 가치가 있는 예전적 움직임이라고 할 수 있다. 그러므로 성찬을 받는 특정한 방식만을 인정하면서 다른 방식에 대하여 비난하는 태도는, 사람들의 상황과 영성이 모두 다르기 때문에 서로 다른 방식으로 성찬을 받을 수 있다는 사실을 깨닫지 못한 소치이다. 최근, 쟁점으로 다시 부각된 '손으로 성체를 받는 문제' 역시 성찬의 의미를 제대로 이해하지 못한 데서 비롯된 논쟁일 뿐이다. 성체를 받기 위하여 집례자의 옆에서 잠시 멈추어 서도 되느냐의 문제는, 달리면서 먹는 것과는 차원이 다른 문제이다. 자신의 손으로 성체를 받는 방식은 어쩌면 매우 힘 있는 몸짓이다.
하지만 손으로 성체를 받는 예전적 동작 역시, 예배에서 취
하게 되는 다른 예전적 움직임과 마찬가지로 매우 조심스럽
고 지속적으로 훈련을 받을 필요가 있다.

# 13장
# 그리스도교 포크댄스
## Christian Folk Dances

**나는** 춤이란 것이 기도와 찬양의 언어이며, 따라서 모든 사람들 안에 존재하는 것이라 강하게 믿는다. 때문에 나는, 나의 춤을 공유함으로써 다른 사람들도 나와 같이 춤을 출 수 있도록 하기 위해 많은 시간을 보낸다. 얼마 전까지만 해도 대부분의 예배무용가들은, "춤은 우리가 출 테니 우리의 춤을 보기만 하라"는 자세를 견지해 왔는데 이것이 변하고 있는 것 같다. 얼마 전에 나는 미국의 동부 해안에 이어 중서부 지방을 여행하던 중, 자신들이 속해 있는 공동체가 여러 사람들과 함께 춤을 추기 시작했다고 말하는 사람들을 여럿 만났다. 이것은 멋지고도 매우 건강한 현상이다. 그러므로 몸의 언어를 이해하고 사랑하며, 이러한 언어의 아름다움을 많은 사람들과 나누기를 원하는 예배무용가들은, 자신들이 속해 있는 공동체에게 가르쳐 줄 수 있는 간단한 그리스도교 포크댄스를 찾고 또 개발하려고 노력해야 한다**발견하지 못할 때에는 만들어내야 한다**. 마가렛 테일러Margaret Fisk Taylor는 그녀의 책 『춤을 출 시간』에서, 1963년 1월 20일 "가톨릭 시간 Catholic Hour"이라는 텔레비전 프로그램을 통해 윌리암 린츠William F. Lynch목사가 언급했던 내용을 다루었다. 그 내용이 이번 장의 주제와 매우 부합한다.

우리는 여러분들이 미국인이라는 자신의 굴레를 벗고 진정한 자아를 발견할 수 있기를 기대하며, 우리가 그 일을 도울 수 있도록 허용할 것을 제안한다… 여러분은 반드시 여러분의 진정한 예술성을 발견하게 될 것이고, 그 예술성을 우리에게 전할 수 있을 것이며, 마침내 우리는 함께 일하게 될 것이다. 처음에는 부끄럽고 어렵겠지만, 인간의 위대함이 우리를 통해 표출될 것이며, 우리는 여러분에게 진정한 의미의 몸의 움직임과 스타일이 무엇인지를 가르쳐 드릴 것이다.[1]

사람들이 춤을 추도록 돕고 가르치는 행위는, 그들을 위해서 춤을 추는 것과 똑같은 움직임 사역의 한 부분이다. 교회는, 음악을 통해 교인들이 서로 소통할 수 있도록 노래를 가르쳐 왔으며, 그 노력은 어느 정도 열매를 맺고 있다. 이와 마찬가지로 이제 우리는, 회중이 몸의 동작과 움직임을 통해서도 예배에 참여할 수 있도록, 그 방법을 가르쳐 줄 필요가 있다. 교회의 여러 모임, 곧 야외 예배나 기도회 모임, 집에서 음식 한 접시씩 가져와서 함께 먹는 만찬 모임, 또는 교회학교 모임이나 심지어 비지니스를 위한 모임이라 하더라도, 그 모임들 가운데 포크댄스를 함께 추는 친교시간은 모두에게 유익하다. 간단한 포크댄스는 몸과 마음을 편안하게 해 주고, 대화의 장벽을 허물어 주며, 중요한 일에 주의를 기울이게 해 주고, 기존의 공동체로 하여금 새로운 이들을 환영하게 해 준다. 나아가 포크댄스는 협동심을 북돋아주고, 참여한 모든 이들이 한몸이 되어 함께 예배 드릴 수 있는 분위기를 조성해 준다. 포크댄스의 가장 기본적인 대형은 원과 선으로 이루어지는데, 대여섯 명에서 수백 명의 인원까지 어느 곳에서나 쉽게 출 수 있다.

새 계명 A New Commandment

나는, 1982년 호주에서 사역하고 있는 동안 이 노래를 배웠다. 그 당시 함께 일하던 사람들에게 그리스도교 포크댄스를 가르쳐 주고 싶었지만, 그들이 나의 노래를 모른다는 사실을 알고, 내가 그들의 노래를 배우기로 한 것이다. 내가, "여러분들이 모두 알고 있는 노래를 불러보세요"라고 청하자, 그들은 이 노래를 불렀다. 그 노래를 들으면서 즉석에서 춤을 만들었는데, 아주 단순해서 초급반에서조차 쉽게 따라 할 수 있는 것이었다. 나는 그들이 잘 아는 노래에 맞게 안무한 춤을 그들에게 가르쳤고, 마침내 그들은 자신들의 노래를 부르며 춤추게 되었다.

---

손을 잡고 원을 그려 서서 오른 쪽을 바라보면서
오른쪽 발을 내디딜 준비를 한다.
오른발을 시작으로, 여덟 번 걸음을 움직인다.
여덟 번째 걸음에서 중앙을 향해 멈추고, 오른발을 시작으로
제자리에서 여덟 걸음을 돌아 중앙을 바라보며 선다.
두 걸음 안으로, 두 걸음 밖으로, 두 걸음 안으로, 두 걸음
밖으로 내딛는다. 두 걸음 안쪽으로 들어갈 때는 함께 잡은
손을 머리 위로 올리고, 두 걸음 밖으로 나올 때는 함께 잡
은 손을 아래쪽 뒤로 움직이면서 살며시 머리숙여 절한다.
그리고 처음부터 끝까지 반복하며 다시 춤을 춘 후에 마지
막 부분에서 원을 그리고 서 있는 모든 사람들이 반갑게 손
뻗치며, 신속히 그러나 부드럽게 왼쪽으로 한 바퀴 완전히
돌아 시작했던 위치로 돌아온다.

---

# 새 계명 작자미상

왕의 왕 그리고 만유의 주 King of Kings and Lord of Lords

어느 날 저녁, 내 친구 하나가 커피하우스에서 노래를 부르고 있었다. 그녀가 이 노래를 부를 때, 나는 하나의 원 또는 동심원의 형태로 움직일 수 있는 춤을 생각해 냈다. 만약 동심원이라면, 노래와 춤이 조화를 이루며 돌림노래로 부를 수 있겠다고 생각했다. 후에 내가 이끄는 예배춤 공동체 로만12<sup>Romans XII</sup>가 그 춤을 배웠고, 그로부터 한 달 후 우리의 정기 공연에서 관객들에게 그 춤을 가르쳤다.

### 왕의 왕 작자미상

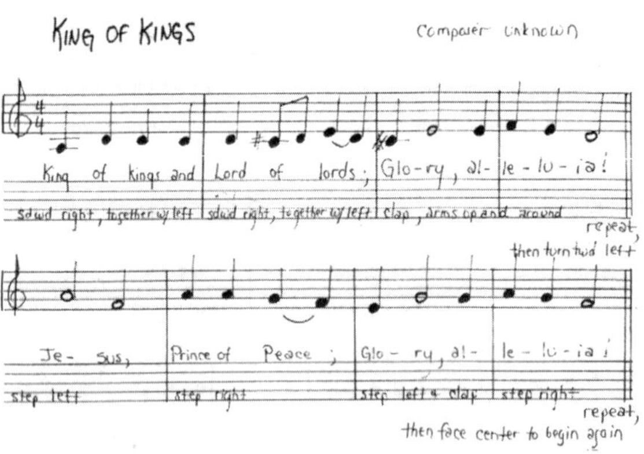


노래의 전반부에는, 모두 서서 원을 만들고 중앙을 바라본다. 팔꿈치를 구부려 양쪽 사람과 손을 맞닿도록 한다. 노래의 후반부에서는, 양쪽의 사람과 마주 잡은 손은 그대로 유지하면서, 모두가 왼쪽을 바라보게 한다.

〈전반부〉

## 왕의 왕

오른발을 이용하여 오른쪽 옆으로 걸음을 내딛는다. 그리고
왼발을 가져와 오른발과 맞닿도록 한다

## 만유의 주

오른발을 이용하여 오른쪽으로 걸음을 내딛는다. 그리고 왼
발을 오른 쪽으로 내딛는다

## 영광

손뼉을 치고 빠르게 위로 올린다

## 알렐루야

손을 천천히 내려서 시작동작을 취한다

전반부를 반복한 후, 신속히 시선을 왼쪽으로 향하여 후반부
를 준비한다.

〈후반부〉

## 예수

왼쪽으로 한 걸음 옮긴다

**평화의 왕**

오른쪽으로 한 걸음 옮긴다

**영광**

왼쪽으로 한 걸음 옮기면서 동시에 손뼉을 치고 빠르게 손을 위로 올린다.


**알렐루야**

오른쪽으로 한 걸음 옮기면서 천천히 손을 모은다.


후반부를 반복한다. 두 사람 이상의 동심원의 그룹이라면 춤은 원형으로 가능하다. 첫 번째 그룹이 후반부를 시작하면 두 번째 그룹은 전반부를 시작한다.


후반부에서의 변화 :

1) "알렐루야" 전이 아니라 "영광" 후에 손뼉을 친다. 돌림노래로 춤을 마칠 때는, 전반부를 춤추던 그룹이 먼저 손뼉을 친 후에 후반부를 춤추던 그룹이 가볍게 손뼉을 친다.

2) "알렐루야" 전이 아니라 "영광" 후에 손뼉을 치면서 가볍게 뛴다. 뛸 때 발을 바꾸지 않도록 한다.


## 얼마나 좋은지 Behold How Good

'보라 얼마나 좋은지**Hine Ma Tov**'는 이스라엘의 민요이다. 약간 가사를 바꾸었으며, 내가 오랜 기간에 걸쳐 새롭게 만든 춤은 전통적인 춤과는 전혀 다른 것이 되었다. 회당모임을 즐기는 유대인들과 또 다른 민족들은, 여러 가지 민속노래와 민속춤을 보전하고 있다. 나는 수피교도 Sufi 친구에게서 몇 가지 깊이 있는 그리스도교 춤을 배웠다. 일반적으로 나는, '보라 얼마나 좋은지'의 노래를 먼저 가르치고 나서 춤을 가르친다.

춤의 움직임을 배우기 전, 두 가지의 동작을 연습한다.

---

동작1 :
서너 줄로 나란히 서서 서로 어깨 위에 손을 올려놓는다

동작2 :
동작1에서 시작하는데, 각자가 오른쪽으로 45도 몸을 돌려 오른손은 그대로 놓아두고 왼손을 자신의 왼쪽 어깨 위로 옮긴다

---

동작2에서 춤을 시작한다.

---

오른발부터 네 걸음을 앞으로 움직이고 다시 두 배의 빠르기로 오른발부터 앞쪽으로 여덟 걸음을 움직인다.

반복한다.


빠르게 동작1로 전환한다
그리고 오른발을 들어 오른쪽 옆으로 한 걸음 움직이고,
왼발을 오른발과 모은다;
오른발을 앞으로 한 걸음 내딛고,
왼발을 오른 발과 모은다;
오른발을 오른쪽으로 한 걸음 이동하고,
왼발을 오른발과 모은다;
오른발을 뒤로 한 걸음 물러서고,
왼발을 오른발과 모은다.
반복한다.

---

 잃어버린 춤

# 보라 얼마나 좋은지 유대전통민요

_넷째 마당

# 춤으로 드리는 예배

_넷째 마당

춤으로 드리는 예배

# 14장

# 목회적인 측면
## The Facets of Ministry

**경건하고** 창의적인 춤과 몸짓을 통해 회중의 참여를 독려하는 춤 예술가들은, 잘 다듬어진 예배춤으로 예배와 공동체를 섬길 수 있다. 같은 방식으로, 훈련된 연주자나 성가대원들은 집회에서 찬양을 인도하거나 노래를 부름으로 예배와 공동체를 섬긴다. 여기서 한 가지 질문이 제기된다. 질문의 내용은 춤 예술가들이 예배나 집회에서 회중을 인도하기 위해 먼저 춤을 추어야 하는가, 아니면 회중의 춤과 움직임이 우선 되어져야 하는가이다. 이 질문이 음악에 관한 것이라면 정답은 확실해 보인다. 회중의 찬양이 우선적으로 고려되어야 한다는 것이 교회의 가르침이다. 이론적으로는 예배춤에 관한 질문 역시 동일한 답이 가능하다. 회중과 목회자들의 춤과 몸짓 그리고 몸의 움직임이 우선적으로 고려되어야 한다고 볼 수 있다. 하지만 이론이 언제나 현실적인 것은 아니다. 종종 나는 예배춤을 가르치거나, 혹은 여러 사람들과 함께 예배춤을 준비할 때에, 그 춤을 먼저 보여달라는 요구를 받는다. 예배춤 예술가가 회중보다 먼저 춤을 추어야 하는 상황도 있다는 뜻인데, 회중이 내가 추는 춤을 보면서 잘 이해할 수 있도록, 가능하면 단순한 동작과 움직임을 선택하는 것이 중요하다.

이러한 상황에서 보다 효과적인 춤 중의 하나는, 성가가 울려 퍼지는 가운데 부드러운 조명을 받으며 긴 드레스를 입고 추는 춤이었다. 이때에, 춤과 노래**라틴어 또는 영어** 그리고 예배복**예전복**은 어제와 오늘, 익숙한 것과 새로운 것, 전통적인 것과 동시대적인 것 사이의 연결과 변용이 중요하다. 그러나 몸의 움직임이란 매우 단순한 것이다. 내가 어떤 예전적 움직임을 한다 해도, 그 움직임이 나를 회중과 다른 예술가로 세워 주지는 않는다. 그러나 사람들의 운동감각이 깨어나고 예배 회중이 무용가와 같은 수준으로 느끼게 되면, 늘 바람직하고 아름답고 필수적인 것은 아닐지라도 움직임의 언어를 통한 기도는 가능해질 수 있다.

그렇다면 예배무용가들의 기여는 예배 중 어떤 부분에서 가능할까? 몇 가지 실제 경험을 나눔으로써 이 질문에 답하도록 하겠다.

## 입례The Entrance Rite

내가 만들고 4년간 지도했던 예배무용단 로만12**Romans XII** 의 사순절 예배춤은, 예배무용가들에 의해 조용히 시작되며 회중과 성서낭독자와 예배 집례자와 함께 진행된다. 예배위원들이 행렬을 이루어 제단에 도착하면 예배집례자들은 정해진 자리로 가고, 예배무용가들은 각자의 시작 위치인 교회 구석구석으로 흩어진다. 그리고 전적인 회개를 의미하는 예전적 움직임과 함께 그 날의 복음서 본문에서 발췌한 성서구절이 읽혀진다. 심벌즈와 북소리에 맞추어 추는 이 예배춤은, 예배무용단과 회중이 함께 교창으로 부르는 아카펠라 자비송**a capella Kyrie eleison**으로 끝을 맺는다. 춤이 끝나고 나면 계속해서 그 날의 예배 순서들이 진행된다.

## 성서 봉독A Reading

어느 '재의 수요일', 나는 이사야서 58장을 춤으로 표현해 달라는 부탁을 받았다. 그 날 나는, 나 자신이 암송하고 있

던 성서구절을 스스로 읊으면서 춤를 추었다. 또 다른 교회
에서는, 같은 성서구절을 낭독자가 읽는 동안에 나는 춤으
로만 추었던 적이 있다. 예배무용가가 성서구절을 춤으로
표현하는 것은, 성서구절과 예전적 움직임이 하나로 어우
러지는 가운데 이루어진다. 그러므로 성서 낭독자가 읽어
내려가는 말씀과 예배무용가의 예전적 움직임이 조화를 이
루기 위해서는 많은 연습이 필요하다. 예배무용가가 성서
봉독대 앞이나 그 가까이서 춤을 추게 될 경우, 예배 참여자
들의 시선은 말씀을 따라가며 오로지 한 방향으로만 집중하
게 될 것이다.

## 시편송The Psalm

때때로 나는, 예배에 참여한 회중에게 아래와 같이 나와
함께 그 날의 시편을 교창으로 봉독하자고 요청하곤 한다:

---

### 교창antiphon

함께 움직이면서 예배 회중과 나는 시편을 교창한다.
사람들은 앉은 채로 있으며,
나는 주로 모든 이들이 볼 수 있도록 서 있는다.

독창이 이어질 때 예배 회중은
편안한 자세로 움직임을 마무리 한다.

### 독창 verses

예배 회중이 편안한 자세를 유지하는 동안,
나는 독창에 맞추어 춤을 춘다.
각 독창의 마지막에,
나는 교창의 반복을 위해 예배 회중 편에도 참여한다.

---

## 복음 환호송 The Gospel Acclamation

워크숍 기간 동안, 나는 종종 참가자들에게 침묵 속에서 성서와 함께 춤을 출 것을 요구한다. 그런 다음에는 알렐루야를 노래하면서 춤추고, 마지막으로는 행진하면서 알렐루야를 부르며 춤을 추도록 한다. 그 결과는 더 없이 훌륭하다. 성서를 높이 든 예배무용가들은 때로는 성서를 펼치고 때로는 성서를 덮는 동작을 취하면서 오른편과 왼편에 있는 사람들에게 성서를 보여준다. 그 과정에서 어떤 사람의 창조적 표현이 현저하게 아름답거나 적절해 보이면, 나는 그 다음 예배에서 그 예배무용가가 성서를 들으면서 춤을 추도록 초대한다. 예배무용가는 알렐루야가 합창 되는 동안 성서의 내용에 맞는 춤을 추는데, 이때의 춤은 예배무용가와 성서운반자의 예전적 움직임이 하나로 어우러져 표현되는 것이다.

이와 관련해, 안무에 도전이 되었던 두 가지 기억이 떠오른다. 하나는, 미네소타주 로체스터에 위치한 로체스터 프란시스코 수녀원에 있는 76세의 한 수녀님을 통해 받은 도전이고, 다른 하나는 호주의 한 십대 소년을 통해 받은 도전이다. 첫 번째 도전을 안겨 준 수녀님은, 예배춤을 추는 동안 빛나는 미소를 잃지 않았으며, 예배가 끝난 뒤에는 "나는 예배무용가입니다!"라고 크게 외치는 것이었다. 그 모습이 나에게 큰 도전이 되었다. 두 번째 도전을 안겨 준 십대 소년은, 함께 드린 예배가 끝난 후에 이런 고백을 해 주었는데, 그 소년의 진실한 고백이 나에게 큰 도전이 되었다. 소년의 고백은 다음과 같다.

"오늘 보았던 예배무용가는 어떤 내재하는 힘에 이끌려 성서를 들고 춤을 추는 것 같았습니다. 그 무용가의 춤은 나로 하여금 성서의 말씀을 듣고 싶다는 마음이 들게 하였습니다."

예물 봉헌Presentation of the Gifts

성찬상과 예물을 준비하는 시간은 예배의 흐름에 있어 다소 엄숙한 순간이다. 그러므로 경건한 느낌을 이끌어 내는 일이 필요하다. 엄청난 규모의 예물 봉헌 행렬은 예배의 구성에 어울리지 않는다. 나는 최근에, 아리조나주 글렌데일의 '섬김의 여성<sup>Our Lady of Perpetual Help</sup>' 교회에서 온 '새 창조 예배무용가들<sup>the New Genesis Sacred Dancers</sup>'이, 엄숙하지만 매우 단순하게 예물 봉헌을 위해 춤추는 것을 보았다.

그들의 걸음걸이, 회전, 경배하기와 봉헌하기 그리고 성찬상 준비 등은 성만찬 예식에서의 말씀에 부합하는 엄숙하고도 익숙한 경외심을 표현하고 있었다. 이는 투명하리만큼 예전의 구조에 잘 부합되는 것이었다.


## 성만찬 묵상Communion Meditation

이어지는 성만찬 묵상 시간은, 비구술 언어로 묵상하기에 가장 적절한 시간이다. 나는 이 시간을 위해 여러 가지 춤을 만들었다. 만일 특정하게 주어지는 주제가 없다면 성만찬 묵상 이전에, "다양한 은사<sup>A Variety of Gifts :본서 17장</sup>"에서 언급되는 것 중 하나인 영국식 핸드 벨을 이용한 춤을 출 수 있다. 아름다운 핸드 벨의 울림소리와 예전적 움직임이 하나 됨으로써, 연주하는 이나 춤을 추는 이나 보는 이 모두가 몸과 마음과 영의 통전적 감동을 경험할 수 있다.

하나님**Our Father**이라는 말은, 신기하게도 춤을 추기 위해 필요한 무언가를 찾는 예배무용가와 예배공동체를 주기도문으로 인도한다. 여기서 가장 중요한 사실은, 우리의 하나님께서는 한 사람의 독주자나 혹은 전문성을 가진 작은 그룹이 아닌 회중 가운데 계시다는 것이다. 예배무용가들이 하나님께 바치는 예배춤을 대신 춤으로써 예배 회중도 예배무용가들과 함께 춤으로 기도 드리는 것이 된다는 의견을 받아들이는 것은, 하나님에 대한 기도를 다른 누군가에게 대신 하도록  요구하는 것으로서 지혜롭지 않다고 나는 생각한다. 따라서 주기도문이 춤으로 표현될 때는 그것이 예배무용가에 의해 인도된다 하더라도, 궁극적으로는 모든 회중이 참여하는 예전적 움직임으로 표현되는 것이 가장 바람직하다고 할 것이다.

우리는 예배무용가들이 수행할 수 있는 세 가지 형태의 사역, 즉 예배 회중의 움직임 인도하기, 포크댄스 가르치기 그리고 예배를 위해 춤추기 등에 대해 생각해 보았다. 물론 다양한 교육 프로그램을 통해, 나름의 예전적 움직임에 참여해야 하는 성서낭독자와 안내자 그리고 예배 집례자들을 가르칠 수도 있다. 내가 섬기던 교구에서는, 나이가 많은 장년 교인들이 열정적으로 예전적 움직임에 참여했었다. 한 번은 내가 그 어르신들에게 줄을 맞춰 깃발을 옮길 것과 동작을 맞춰 걷고 절하며 회전할 것을 요구했었는데, 그들은 열심히 연습하였으며 맡겨진 과제를 아주 잘 수행했다. 그리고 자신들의 역할을 매우 즐겁게 받아들였다. 나아가 그들은 언제나 자신들의 다음 춤 과제가 어떤 것인지를 알고 싶어 했다.

예배무용가들이 감당해야 할 또 다른 사역 과제는, 춤이라는 몸의 언어를 통해 정규적으로 일하고자 하는 사람들의 공동체를 구성하고 지도하는 일이다.

1978년 가을, 나는 예배무용반 강좌를 열고, 툭손Tucson 주의 관심 있는 모든 사람들에게 개방하였다. 강좌의 목적은 공연을 위한 것이 아니라 단지 신실하게 함께 춤을 추는 것이었기 때문에, 이전에 한 번도 온 적이 없었던 사람들도 찾아 왔다. 그들은 자신들이 배우는 춤이 실제로는 공연되지 않으리라 생각했다. 그러나 강좌를 시작한지 석 달이 지나고, 우리는 어느 저녁 예배에 와서 춤을 추어 달라는 부탁을 받았다. 당연히 상당수의 사람이 이 요청을 받아들이기를 주저했고, 몇몇 사람들은 공개적으로 춤을 추도록 초대되었다는 사실을 알고 웃으며 나를 원망하기도 하였다. 그러나 대다수의 사람들은, 그 동안 매주 수요일에 연습한 춤을 회중과 나누기를 원했고, 결국 그 초대를 받아들이기로 정하였다.

일주일에 한 번씩 모이는 로만12**RomansXII**의 모임은 거의 아무런 방해 없이 일 년 열두 달, 4년 동안 지속되었다. 참가자들은 아홉 살에서부터 일흔 살까지 다양했고, 규모면에서도 모임은 여섯 명에서 스무 명까지를 유지하였다. 우리는 많은 예배에서 춤을 추었고**언제나 청중을 위한 춤을 포함하는** 마침내 공연을 가졌다. 우리 모임의 초점은, 단지 수요일 저녁 예배 회중과 함께 예전적 움직임의 시간을 갖는 것이었다.

출장으로 인해 내가 오래 자리를 비웠기 때문에, 지금은 우리 예배춤 공동체도 쉬고 있다. 하지만 나는, 멀지 않은 미래에 그들이 다시 시작하리라는 것을 의심하지 않는다.

다양한 방면으로 춤사역을 성장시키고자 하는 사람은 어디서부터 시작을 해야 할까? 어디서 교육을 받고 경험을 쌓을 수 있을까? 우선 각자가 모두 특정한 상황에 처해 있기 때문에, 올바른 비전을 위해 누군가가 대신 기도해 주거나 대신 연습해 줄 수는 없다. 그렇기 때문에, 예배와 춤에 있어 지속적 훈련이 반드시 필요하다. 예배와 예술 그리고 예

배춤에 관한 교육과정을 제공하는 몇몇 기관들의 목록이 본
서의 뒷 부분에 수록되어 있다. 예배무용가들은, 각종 예배
와 집회는 물론 자신들 혹은 교회 주변의 다양한 교육집회
와 예배 워크숍을 잘 활용하여야 한다. 예전적 움직임과 춤
에 관해서는 훌륭한 자료들이 있다. 본서의 참고자료 또한
매우 많다. 마지막으로 예배무용가는, 지역 예배모임 또는
교구 내의 단기학습 프로그램 설치를 위해, 훈련된 예배춤
지도자들이나 교사들의 사역과 협력해야 한다.

# 15장

# 기도 전문가?
## Professional Prayer?

**나는** 종종 자신들의 춤이 기도가 되기를 소망하는 예배무용가들이, 왜 교육과 훈련 그리고 장인정신에 대해 주목해야 하는지에 대해 질문을 받는다. 교육과 훈련을 통하여 장인정신으로 무장한 기도 전문가 혹은 춤 예술 전문가가 되어야 하나? 이러한 질문은 여러 가지 문제들을 내포하고 있다. 따라서 대답은 신중해야 한다. 미국 교회의 주교들은 예배에 사용되는 예술 작품에 대한 일정한 기준을 세웠는데, 앞의 질문에 대한 토론을, 미국 교회 주교들이 세운 그 기준을 가지고 시작하는 것이 좋겠다고 생각한다. 아래의 내용은,『가톨릭 예배에서의 환경과 예술

Environment and Art in Catholic Worship』에서 발췌한 것이다.

좋은 품질은, 사용된 재료의 고결함과 순수함 그리고 작품의 전체적 조화로움, 나아가 잘 훈련된 장인의 사랑과 정성이 어우러져 빚어진 결과이다. 이 원칙은 음악, 건축, 조각, 회화, 도예, 가구제작 등 모든 부문에 적용되는 것이며 춤, 마임 그리고 연극 등에서도 마찬가지이다. 나아가 예배에 사용되는 예전적 춤이나 예술에도 똑같이 적용되는 원칙이다.[20]항

만일 그것이 예배에 도움이 되는 방식으로 잘 훈련된 전문가에 의해 수행된다면, 몸의 움직임춤을 이용한 성서 해석이나 예전적 행렬은 그 예배에서 가장 의미 있는 순서가 될 수 있을 것이다.[59]항

예배춤 등의 예술을 다루는 작업은, 예전적 행위가 표현해야 하는 신앙의 신비와 경이로움, 그리고 경외심 등을 충분히 담아낼 수 있어야 한다. (그리고) 이러한 예술작업은 고유한 구조와 리듬 그리고 움직임으로 표출되는 영적인 행동을 방해하는 것이 아니라 확실히 도움이 되는 것이어야 한다.[21]항

… 일종의 투명성transparency이 요구된다. 이 투명성을 통

하여  예술 작업 혹은 예술작업 그 너머의 무언가를 볼 수 있어야 하고 또한 체험할 수 있어야 한다.**22항**

이미 서두에서도 밝혔지만, 이러한 작업을 위해서는 기준이 필요하다. 미국 교회의 주교들은 고결함과 순수함, 조화로움, 사랑과 열정, 그리고 신비와 경외심 등의 기준을 제시하였다. 이 기준에 부합하는 예전적 예술 춤을 만들기 위해서는 예배에 대한 감각과 예술에 대한 전문성을 겸비한 전문 무용가가 필요할 것이다.

'진실하고 유능한' 예술가들에 대해 이야기할 때, 우리는 필연적으로 경험, 훈련, 원칙, 기술, 그리고 직업정신 등에 관한 질문을 떠올리게 된다. 예배무용가의 사역과는 거리가 멀다고 느껴지는 이와 같은 질문들은 실제로는 매우 유익하고 필수적인 것이다. 예배와 기도는 그 자체로 훈련이며, 따라서 지속적인 연습을 필요로 한다. 이와 관련하여 우리는 성직자 혹은 목회자를 배출하기 위해 가르치고 훈련하는 과정에서 일정한 지혜를 얻을 수 있다. 실제로 훈련과 연습 그리고 기술 등의 문제는 예배춤 혹은 예전적 예술 전문가에 의해 진지하게 다루어져야 한다. 하지만 일반사회에서 춤과 관련하여 사용되는 이러한 단어들의 부정적인 느낌, 곧 인위적이라든지 조작적이라는 느낌은 경계해야 할 것이다. 나아가 부정적인 느낌을 극복하려고 노력해야 할 것이다.

미국 교회의 주교들은, 예배를 위해 사용되는 예술 작품에 과장이나 인위성이 포함되어서는 안 된다고 명백하게 천명하였다. 이는 예배춤 혹은 예전적 예술 작품은 반드시 자연스럽고natural도 '순수genuine'해야 하기 때문인데, 하나님께서 주신 몸의 구조와 그 몸의 움직이는 일반적인 흐름에 반하는 동작이나 자세를 취할 수 없다는 데 기인한다. 널리 알려진 무용가 한 사람은, 최근 텔레비전 프로그램에 출연하여, "춤의 진정한 안무란, 디자인되지 않고 자연스럽게, 나타나는 그대로 몸으로 표현하는 것이다"라고 말한 적이 있다.[1] 예배춤을 안무할 때 고려해 볼 여지가 있는 말이다.

예배춤, 혹은 예전적 예술을 통해 표현하려고 하는 하나님은 무한하신 분이다. 그러므로 예배무용가의 몸의 언어 역시 무한대로 확장되어야 하고, 결코 편협한 의미의 '춤'에 제한되거나 갇혀서는 안 된다. 예배무용가들은 지속적으로 새로운 소재로 새로운 안무를 빚어내고자 노력해야 하며, 이전에 만들어진 적 없는 독창적이고 신선한 춤으로 하나님의 일을 드러내고자 하는 탐구 정신과 열정과 능력을 가져야 한다. 이를 위해 나는, 기존의 춤 동작이나 예술 작품들에 의존하지 않고 언제나 특별한 의미와 느낌을 창조적으로 표현할 수 있는 춤의 동작들을 찾아내려고 노력해 왔다. 그 결과 나는, 충분한 연습과 훈련을 하지 않는 예배무용가라고 비판을 받아 왔다. 그러나 내가 연습을 하지 않는 것도 아니고, 훈련되지 않은 것도 결코 아니다. 오히려 그러한 탐구는 나의 몸과 영혼을 쥐어짜는 듯한 고통이 수반되는, 또한 끝도 없는 훈련과정이었다. 만약 그런 탐구의 끝에서 가장 적합한 안무를 빚어내지 못했다면, 그리고 그 춤 동작을 발견한 데서 오는 만족과 안도감이 없었다면, 나는 금새 지쳐 쓰러지거나, 혹은 이 작품을 포기한 채 다른 작품의 연습으로 넘어가 버렸을 것이다.

신앙적 의미를 충분히 담아내면서도 진실하고 '순수한 genuine' 예전적 예술 작품을 완성해야 하는 예배무용가는, 새로운 안무를 고안하는 창의적인 작업과 더불어 신앙의 유산 안에 보전되어 온 전통적인 춤과 예전적 움직임에 대해서도 연구해야 한다. 전통에 기반을 둔 춤의 언어에 대해 알게 됨으로써, 예배무용가는 그 전통 위에서 목회적이면서 창의적인 작품을 엮어낼 수가 있기 때문이다.

예배무용가는 예배춤을 통해 예배를 섬기는 과정에서, 외

적으로 나타나는 움직임에 의존하지 말고 그 안에 흐르는
내적 느낌에 의존할 수 있어야 한다. 이를 위해 운동감각을
따라 몸을 움직이는 훈련을 해야 한다. 이 때 무용가는, 운
동감각이 앞에서 이끌도록 하고 다른 감각들은 부차적인 위
치에 서도록 해야 한다. 이 훈련은, 거울 없이 연습을 할 때
가장 큰 효과를 거둘 수 있다. 나는 거울을 보며 연습하는
여러 무용가들을 볼 때마다, 그들을 질책하기보다 우선 거
울이 많은 도움이 된다는 점을 말해주곤 한다. 춤의 동작이
만들어지고난 후 거울 앞에서 그것을 확인하는 작업은, 그
몸짓을 시각적으로 확인하는데 결정적으로 도움을 준다.
하지만 거울은 무용가의 운동감각을 방해할 수 있다. 몸과
동작과 움직임에 내포되어 있는 시간과 에너지라는 요소를
잘 인식하지 못하도록 거울이 방해하기 때문이다.

　창의적인 노력을 통해 새로운 춤을 만들어내는 동안에는,
시각적인 감각이 그 과정을 지배하지 않도록 거울은 되도
록 사용하지 않는 편이 좋을 것이다. 독자들은 아마도 내가
성직자들에게도 자신들의 설교나 강론 실황을 녹화하거나,
거울로 자신의 모습을 보면서 연습하지 말라고 권면했을 것
이라고 눈치 챘을 것이다. 무용가와 마찬가지로 성직자들
에게도, 거울이나 자신의 모습을 녹화한 영상물이 몸 동작

 잃어버린 춤

을 시각적으로 확인하는 데 분명 도움이 된다. 하지만 그러한 도구들이 성직자나 예배 집례자들에게 운동감각 자체를 제공할 수는 없다. 우리는 시각적인 환경에 순응하는 사회에 살고 있다. 시각은 가장 먼저, 그리고 가장 표피적으로 지각되는 감각이다. 교회의 각종 모임에 참여한 사람들 가운데 '방관자'가 없기를 원하는 목회자나 예배무용가는, 가장 먼저 몸의 감각을 깨우는 방법과 그 감각을 신뢰하는 법을 배워야 한다. 그러나 훈련을 통하여 몸의 감각을 갖고 충분히 활용하며 예배를 섬기는 목회자와 예배무용가는, 회중으로 하여금 눈으로 보고 귀로 듣는 것 이상의 훨씬 더 심오한 감동을 느끼도록 할 것이다.

예배무용가는, 자연스러우면서도 지속적으로 몸의 언어를 연마하는 훈련과 더불어 내려놓는 법과, 쉬는 법, 그리고 오직 성령의 인도하심 따라 자신의 몸을 움직이는 법을 훈련해야 한다. 달리 표현하자면, 예배무용가는 기꺼이 무아지경에 빠질 수 있어야 한다는 뜻이다. 하나님만이, 무용가로 하여금, 춤 속에서 스스로 자유로울 수 있도록 해방시키실 수 있다. 따라서 예술가는, 기꺼이 자신을 완전히 비우고 자신 안에서 하나님이 일하시게 해야 한다. 예술가 자신이 드러나 보이려고 하는 마음을 내려놓는 것은, 예술가 자신의 멋진 모습을 드러내 보이려고 하는 예술의 속성에 비추어 보았을 때 매우 놀라운 원칙이다. 자신을 내려놓기까지에는 많은 노력이 따르지만 그 노력의 열매는 매우 가치 있는 것이다.

이번 장에서 지금까지 설명한 예배무용가의 책무는, 예배춤 입문자나 교회의 신도들, 또는 예배춤을 예배에 도입하기 위해 노력하는 목회자와 전문가들에게 다소 겁을 주는 말로 들릴 수 있다. 하지만 이러한 기준들, 곧 몸의 감각 신뢰하기, 자연스럽게 움직이기, 그리고 자기 자신을 비우기 등의 기준은 꼭 지켜야 할 원칙이다.

나는 이 장의 시작부분에서 언급했던 하나의 단어, 즉 전문성이라는 단어에 대하여 아직 정의를 내리지 않았다.

전문가와 비전문가의 차이는, 전자는 돈을 위해 일하는 반면 후자는 관심과 사랑을 위해 일한다는 점이다. 또한 전문가는 풀타임으로 일하는 데 반해 비전문가는 파트타임이나 취미로 일하는 경우가 많다. 전문성이라는 기준에서 보면, 대개 전문가가 비전문가에 비해 월등하다고 말할 수 있다. 이 중에서 마지막에 언급한 전문가와 비전문가의 차이, 곧 그 전문성에 대하여 다시 한번 생각해 보고 싶다. 캘리포니아의 저술가이자 예배무용가인 주디스**Judith Rock**는,

비전문가**amateur**라는 단어가 라틴어의 사랑에서 유래했다고 말하였다. 다시 말해 비전문가로 규정된 사람들은 그들이 하는 일을 사랑하는 사람들이라는 것이다. 그러면서 자신이 하는 일을 진실로 사랑하는 사람은, 그 일을 잘 수행해 낼 수 있으며, 그 때 전문성 또한 담보될 수 있다고 말하였다. 특별히 그 일이 하나님을 위한 일일 때 더욱 그러할 것이다. 따라서 예배무용가는, 진실하면서도 수준 높은 예배 춤을 만들기 위해 기도와 연습을 게을리하지 않는 비전문가가 되어야 한다는 것이 주디스의 결론이었다. 나는 종종 사람들이, 예배무용가는 교회 밖의 무용가들만큼 잘할 필요가 없다고 하는 이야기를 듣는다. 그런데 그들의 말은 부분적으로만 옳다. 예배무용가는 일반 사회의 무용가들만큼만 잘해서는 안 되고 그들 이상이어야 한다. "피조물의 웅대함과 아름다움으로 미루어 보아 그 창조자를 알 수 있다**솔로몬의 지혜서 13:5**"는 성서구절에 부합할 만큼 예배무용가의 작품은 보기에도 좋아야 한다. 이를 위해 예배무용가들은 예배 춤을 누구보다 잘 추어야 한다.

한 유명한 예배 음악가가 우리 나라의 교회에서 예배춤을 받아들임에 있어 가장 큰 위협 중 하나는 아마추어리즘 **amateurism**이라고 쓴 적이 있다. 그는 물론 아마추어 예배무용가들이 품고 있는 춤에 대한 사랑과 열정을 폄하한 것은 아니라고 생각한다. 그들의 춤이 수준 이하라는 비판일 것이다. 또한 선한 의지를 가진, 그러나 전문성은 결여된 너무나 많은 예배무용가들이 오히려 예배를 방해할 수 있다는 경고일 것이다. 예배에 대한 목회자의 집착이 깊이 있는 예전이나 기도를 보장하지 못하듯이, 춤에 대한 무용가의 욕구가 전문성을 담보한 춤을 보장하지는 못한다. 예비 목회자들이 원숙한 예배 집례자로 서기 위해 예전과 기도를 훈련하듯이, 완성도 높은 예배춤을 위해서 예배무용가들도 끊임없이 훈련받아야 한다. 준비를 통한 열심 있는 사역은, 기도의 길에 막연히 서있는 것과는 달리 기도의 방향성을 명확히 밝혀준다. 예배무용가가, 오랜 기간의 훈련과 경력 없이 예배 속에서 기도를 형상화할 수 없다는 것은 아니다. 성 아우구스티누스가, "완전하기 위해 노력하는 중에 불완전함이 자신을 공격하도록 허락해서는 안 된다." 라고 말할 때에, 그는 최고 수준의 전문성을 위한 노력을 기울일 것을 권면하고 있다.[2] 내가 말하고자 하는 것은, 누군가 교회에서의 기도를 통해 예술사역을 형상화 하려 할 때, 사랑과 훈련 두 가지 모두가 요구된다는 것이다.

순종과 봉사 그리고 투명성에 대해 조금 더 설명하고자 한

 잃어버린 춤

다. 봉사와 순종은, 오늘날 종종 부정적인 의미로 해석되기도 하는 말들이다. 그러나 예배무용가는, 창의적으로 일하되 하나님께 헌신해야 하고, 예배 공동체를 섬기되 그 공동체 안의 권위에 순종해야 한다. 예술가는, 그가 완전한 예술적 자유 속에서 성스러운 사명을 부여받았다고 느낄지 모르겠다. 그러나 교회의 예전 속에서 그러한 사명은, 예술을 용납하고 수용하는 이들의 요청과 균형을 맞춘 자유에 대한 예술가들의 바램 이상으로 이해되어져야 한다. 예배드린다는 것은 특권이며, 마들린<sup>Madeleine L' Engle</sup> 이 말했듯이 "우리가 그것을 부담스러워 한다면 이는 우리에게 수치" 이다.[3] 예배무용가로서 나는, 교회 안의 예술가이며 순종하는 예배자 이상으로 신나고 충실한 역할은 없다고 확신한다.

『가톨릭 예배에서의 환경과 예술』은, 일정한 투명성<sup>a certain transparency</sup>이 예배무용가들에게 요청된다는 사실을 우리에게 일깨워준다. 자신의 은사로 교회의 기도를 장식하는 예배무용가는, 예배 집례자처럼 "여기를 보시오!"라고 한 후에 그 자리에서 물러설 수 있어야 한다. 움직임 예술가에게 이러한 도전은 멋진 것이다. 한번 완성시킨 후에는 작품으로부터 사라지는 화가나 작곡가와는 달리, 움직임의 예술가는 계속 추어지는 그 작품과 영원히 함께한다. 그리

고 투명함은 가능하나, 그것은 투명하기를 원하는 사람에
게만 가능한 것이다.

# 16장
# 장미꽃잎과 바위들
## Rose Petals and Rocks

**예배무용가로서** 춤에 대하여 오랜 동안 연구하며 일해온 나 자신의 이야기를 소개하고자 한다.

어렸을 때 나는 뉴욕 북쪽 변두리에서 살면서 필리스 마메인 Phyllis Marmein에게 수년 동안 발레 교습을 받았다. 그 당시 나는 매일 저녁마다 아버지가 틀어놓으신 음악에 맞춰 혼자서 춤을 추곤 하였다. 그런 날들의 경험을 통해, 나는 몸의 움직임에 대하여 깨닫게 되었고, 또한 마음으로 춤을 추기 시작하였으며, 내가 하나님과 함께 춤을 추고 있다는 경이로운 생각에 사로잡히게 되었다. 희미하게 불이 켜진 거실에서의 그 시간들이 내 유년시절에 가장 영향력 있는 순간이었다는 사실을 이제 나는 안다.

대학에서 나는 신학을 전공하면서 현대무용수업을 들었으며 춤동아리에 가입하였다. 졸업반 때였다. 나는, 또 다른 신학생과 함께 공연했던 무대에서 그와 함께 무대를 가로질러 달려 가면서, 폴 틸리히**Paul Tillich**가 말한 '궁극적 관심'에 대해 크게 외치면서 화장실 두루마리 휴지를 풀어헤쳤던 적이 있다. 신학대학을 졸업한 후, 나는 한 감리교회에서 교육전도사로 일을 하였다. 어느 화요일 오후, 세 명의 남자 중학생들이 예배춤을 배우고 싶다며 나를 찾아 왔다. 나는 충분히 준비된 상태는 아니었지만 성실하게 가르쳤고, 아이들도 꾸준히 참여하였다. 그리고 마침내 그 해 어느 주일 저녁 예배에서, 그 학생들이 직접 창작한 춤을 선보였다.

한 해 뒤, 나는 바바라 메틀러**Barbara Mettler**가 아리조나 툭손에 있는 자신의 작업실에서 여름방학 동안 창작춤을 가르친다는 광고를 보게 되었다. 바바라 메틀러나 툭손 창작무용센터에 관해 잘 알지는 못했지만, 내 대학 동기가 툭손에 살고 있다는 사실과 내가 여름 동안 머물 수 있는 곳을 찾을 수 있으리라는 기대감으로, 나는 그 과정에 등록했다. 그 4주간의 과정은 내게 엄청난 변화를 가져다 주었다. 바바라 메틀러는, 춤을 하나의 창조적인 예술활동으로 가르쳤다. 그녀는 우리로 하여금 하나님께로부터 받은 몸의 구조를 따라 움직이면서, 창조주와 더불어 자연스럽게 춤을 추도록 가르쳤다. 그녀는 우리에게, 독립된 개인으로서는 각자 다르지만 아름답게, 동시에 협력하는 공동체로서는 서로에게 생명력을 불어 넣는 방식으로 춤을 추라고 가르쳤다.

우리는 자유롭게 즉흥적으로 춤을 만들어 추었다. 그 과정을 통해 우리는 우리의 몸 자체에 대하여, 나아가 몸의 움직임에 대하여 점점 더 깊이 있게 깨달아 알게 되었다. 또한 우리가 알게 된 것들을 형상화하면서, 자유롭고도 자연스럽게 춤을 만들게 되었고, 그렇게 만들어진 춤으로 계속해서 춤을 추기 시작하였다. 물론 바바라 자신이 순수한 창작 춤을 위한 작업실로 그 건물을 지었고, 그 어떤 신앙고백을 전제한 춤을 가르치지는 않았지만, 그러나 나는 본능적으로 내가 다시금 하나님과 함께 춤을 추고 있음을 깨닫게 되었다. 그렇게 4주 동안이나 계속해서 춤을 추었지만, 나는 만족할 수가 없었다. 그래서 나는 뉴욕으로 돌아 와서 사표를 내고는, 다시 툭손으로 가기 위해 차에 짐을 실었다.

그후 3년 반 동안, 나는 바바라의 조수로 일하면서 그녀가 진행하는 모든 과정을 이수하였다. 나는 그 기간 동안 비서

겸 청소부 그리고 여름코스 일정관리자 겸 심부름꾼으로 일하였으며, 그 기간이 지난 후 드디어 나 자신이 아동반과 성인반을 맡아 가르치게 되었다.

그 사이 나는 결혼을 하였고, 결혼 후 남편의 직장 관계로 일 년 반 동안 뉴욕 북부에 돌아와 지냈다. 그 일 년 반의 기간 동안 나는 교회, YWCA, 각동 캠프와 모임들, 보육원, 지역대학 등에서 창작춤과 예배춤을 가르치면서 매우 수용적인 공동체들을 만날 수 있었다. 툭손으로 돌아온 후에 나는 우리 교구학교에서 예배춤 및 창작춤을 가르치는 교사로 일하게 되었다. 그 학교가 다른 지역으로 이전해 간 후 4년 동안은 교구의 전임 예배담당자로 일하게 되었다. 덕분에 나는 사무실 옆 교회의 예배실에서 매일같이 혼자 춤을 출 수 있었다.

나는 요즘, 미국과 호주를 순회하며 강연하고 가르치며 춤을 추면서 독자적으로 일을 한다. 바바라가 여전히 나에게 스튜디오 사용을 허락하는 일과 교구가 여전히 자신들의 교회당에서 춤을 출 수 있도록 나에게 허락해 준 것에 감사하고 있다.

모든 춤예술가는, 자신만의 독특한 일정과 방식을 따라 연습하고 훈련한다. 물론 모든 예술가들에게 적용할 수 있는 한 가지 방식이 있을 수는 없지만, 여기서 나는 나 자신의 연습 및 작업 방식에 대해 이야기하려고 한다. 나의 이야기가 다른 예술가들에게 긍정적인 영향과 선한 자극이 되기를 희망한다. 나의 하루의 일과는 긴장을 풀면서 시작된다. 먼저 마루에 드러누운 채 몸이 휴식을 취하도록 한다. 이 때 뭉쳐 있는 근육을 확인하고 그 부분을 풀어준다. 나는 또한, 마음과 감정을 진정시키면서 심각한 걱정과 근심을 내려놓으려고 노력한다. 지금까지의 경험으로 보면 이러한 일들은 시간낭비가 아니다. 오히려 나 자신이 스스로 매료되고 또 놀랄 정도로 나를 편하게 해주며, 심지어는 치유의 효과까지 있어 내 영혼이 쉼을 얻도록 해준다. 때로 영적인 빈곤을 느끼기도 하지만, 나는 이러한 문제들에 속상해하기 보다는 춤으로 드리는 기도의 가능성에 대해 나 자신을 개방하려고 노력한다.

긴장을 푼 다음에는 스트레칭을 통해 몸을 비틀기도 하고 구부리기도 하면서 나의 몸이 깨어나도록 역동적으로 움직이기 시작한다. 이 때 몸의 각 부분이 어떻게 움직이는지를 실험하고 탐구하는 동시에 몸을 더욱 강하게 만들면서 모든 신체부위를 따로 움직여본다. 물론 호흡과 목소리도 동반한다. 그런 다음 여기서 저기로 걷기도 하고 바닥을 기기도

하며, 또 구르기도 하고 뛰기도 하면서 말로는 다 표현하기 힘들 정도로 몸의 각 부위를 다시 훈련한다. 여기까지 훈련한 다음 휴식을 취한다. 그리고 '그 날의 춤'을 시작한다. 무에서 만들어가는 즉흥춤은, 내가 누구인지 그리고 내가 느끼는 것과 내가 필요로 하는 무언가에 깊이 뿌리를 내리고 있다.

긴 창작 춤을 출 때면, 내 의지가 내 근육을 움직이고자 하지 않았음에도 내가 폭넓게 다양한 방법으로 움직인다는 신기한 사실에 놀란다. 나는, 결코 사전에 계획할 수 없는 방법으로 움직이고 있는 나 자신을 발견한다. 즉, 내가 잠시 동안 선을 그리거나 일반적인 박자로 천천히 힘을 빼고 움직이는가 하면, 바로 빠르고 힘차게 직선으로 그리고 멋진 불규칙적인 박자에 맞춰 움직이고 있음을 알게 된다. 춤이란 고된 작업이다. 하지만 기꺼이 춤추고자 하는 나 자신의 열정을 통해서 창작 춤들이 만들어진다는 사실을 인식할 필요가 있다.

녹음된 음악을 춤 창작에 사용하는 것은 조심할 필요가 있다. 녹음된 음악이 예술가 내면의 리듬이나 음악적인 깊이에 대한 발견을 저해할 수 있기 때문이다. 따라서 춤 창작의 초기작업은 주변의 숨소리, 목소리, 손발이 움직이는 소리를 제외하고는 조용한 가운데 이루어지는 것이 바람직하다. 예배나 공연을 위해 새로운 춤을 창작할 때 나는, 춤을 추면서 말을 하기도 하고 또 노래를 부르기도 한다. 더러는 악기를 연주하며 춤을 창작할 때도 있다. 이러한 방식은, 소리와 몸 동작의 조화를 창출하도록 돕는다는 점에서 매우 흥미롭다. 이와 함께 춤 창작 과정에 곁들일 수 있는 몇몇 요소에 대해서는 다음 장에서 이야기 하겠다. 나는 가끔 친구들이 작곡한 음악에 맞춰 춤을 춘다. 이렇게 미리 녹음된 음악을 가지고 작업을 하는 경우, 박자나 멜로디 그리고 음색이나 가사 등을 선별적으로 분리하여 사용하는 것이 도움이 된다.

독자는, 무용가가 정기적으로 혹은 상당히 자주 홀로 있어야 할 필요가 있다는 사실을 알게 되었을 것이다. 심지어 연출자나 다른 무용수들과 함께 일할 때에도, 나는 매일 혼자 연습할 수 있는 시간을 찾았다. 예배무용가가 되고자 하는 사람이, 하나님 앞에서 오직 하나님과 더불어 춤을 추는 혼자만의 고요한 시간을 원하지 않는다는 사실을 나는 상상할 수가 없다. 지금까지의 경험으로 볼 때, 혼자서 연습하는 시간을 많이 갖는 사람일수록 예배 공동체에 더 많이 기여한다는 사실을 자신있게 말할 수 있다.

매일 훈련한다는 것은 쉽지 않다. 그러나 나는 여전히 더러운 발이나 관절통이나 땀에 젖은 옷 등에 대해 아랑곳하지 않는 춤 예술가들을 보면 즐거워진다. 그리고 더 없이 기쁜 마음으로 춤을 추는 예배무용가들을 신뢰한다. 몇 해 전 나는 내 영적 지도자에게, 춤의 창작 과정에서 그 정점에 도달한 후에 따르는 외로움과 고통과 허무에 대해 불평한 적이 있다. 그분은, 나에게 이렇게 말씀하셨다.

"자네는, 자네가 택한 이 길이 장미 빛으로만 가득하리라 기대했는가? 이보게, 길에는 바위가 있는 법, 최고의 무용수에게는 피 흘린 손과 다친 무릎이 뒤따르는 법이네."

그분의 답변은 나의 마음과 생각을 흔들어 놓았으며, 지금까지도 그 효력은 살아 있다.

하나님이 주신 재능과 은사를 가지고 예배춤 예술가로서 계속적으로 성장하고자 하는 노력은 가치 있는 일이다. 길에는 바위도 있고 돌도 있지만 그 길을 따라서 장미꽃잎 또한 만개해 있기 때문이다. 아름다운 장미 꽃을 피우기 위해서는 많은 수고가 요구되지만, 그 수고는 하나님의 은혜를 드러내기 위한 것이다. 하나님은 우리의 수고 안에 이미 임재하고 계시기 때문이다. 그러므로 예배춤 전문가로서 나의 임무는, 바위들 사이에서 잡초를 뽑고 고운 흙 아래로 씨

를 뿌리며 때를 따라 물을 주고 정성껏 가꾸며, 하나님의 시
간 안에서 꽃이 피어나도록 기다리는 것이다.

# 17장

# 다양한 은사
## A Variety of Gifts

**하나님의** 때에 꽃이 피어난다면 그것은 어떤 꽃일까? 꽃처럼 피어나는 춤이란 또 어떤 춤일까? 그것은 무엇에 관한 것인가? 춤의 본질은 인생만큼이나 다양하다. 춤 예술가가 춤을 창작할 때, 그 자신이 의식을 하든 혹은 하지 못하든, 그 춤은 예술가 자신에게 중요한 그 무엇과 관련된 것이다. 모든 춤은 하나님으로부터 주어지는 훌륭한 은사이다. 그렇게 은사로 주어진 춤은, 무용가인 내가 추는 춤보다 훌륭하거나 더 탁월하다. 마들린**Madeleine L'Engle**은 다음과 같이, 여러 예술가들에게 친숙한 말을 한다. "나는 모든 예술 작품이, 그것이 위대한 천재의 작업이

건 미약한 이의 작업이건간에 예술가에게로 와서 ‘내가 여기 있습니다. 내게 육체를 입혀 주세요. 나를 태어나게 해 주세요’라고 말한다고 믿는다. 그리고 그 예술가는 또한, ‘내 영혼이 진실로 주님을 찬양합니다’라며 기쁘게 그 일을 짊어지거나 혹은 거부하게 된다. 물론 순종적인 반응이 반드시 의식 있는 것은 아니지만, 모든 사람이 마리아의 겸손함과 용기 있는 순종의 마음을 갖는 것은 아니다.”[1]

나는 하나님께서 허락하신 은사를 가지고 춤으로 주님을 찬양할 수 있음이 참 감사하다. 심지어는, 새로운 춤을 창작하는 과정에서 느끼게 되는 고통까지도 감사하다. 내가 새롭게 만드는 춤들은 대개 요청에 의한 것이다. 물론 특별한 요청 없이 새로운 춤을 만들기도 한다. 그런데 후자의 춤이 전자의 춤보다 덜 중요하게 여겨진다는 사실을 후에 깨닫게 되었다. 또한 전자이든 후자이든, 필요를 따라 만들어지고 공유된 원숙한 춤만이 널리 쓰임 받았다는 사실도 깨닫게 되었다.

## 진정한 금식 True Fasting

이 춤은, 성서의 내용을 몸의 움직임으로 표현할 수 있다는 사실을 깨닫게 해 준 첫 번째 춤이다. 10년 전에 만들었던 이 춤은, 지금까지도 변화하고 발전하며 예배 현장에서 추어지고 있다. 〈진정한 금식〉이란 제목의 춤은, 우선 이사야서 58장 4b-12,14절 말씀을 가지고 창작된 것으로, 성서의 구절들을 따라 안무한 춤이다.

나는, 성서 본문을 읽어내려가는 리듬과 춤을 추는 몸 동작의 리듬이 조화를 이룰 수 있도록 안무하였고, 또 그렇게 춤을 추었다. 춤을 창작하는 과정에서 나는, 나의 춤을 스스로 비평해 본다. '허망한 말'의 동작과 '물댄 동산'의 동작은 움직임의 강약이라는 점에서 어떤 차이가 있는가? '굵은 베와 재를 펴는 것'과 '땅의 높은 곳에'라는 움직임은, 체감되는 시간적 관점에서 어떤 차이가 있는가? 감정 표현에 있어 춤에 사용되는 몸 동작이나 디자인이 충분한가? 정지의 순간은 있는가? 감정적 흥미만을 유발하기 위한 의미 없는 몸짓들의 연속은 아닌가? 전체적으로 조화를 이루며 유기적으로 구성되었는가? 이러한 창작과 비평의 상호 작용은, 춤이 완성되었다는 사실을 내가 마음속으로 인정할 때까지 번갈아가며 일어난다. **이 두 가지는 어느 하나가 다른 하나를 막지 않고서 동시에 일어날 수 없다.**

〈진정한 금식〉 춤은 가장 먼저 재의 수요일 예배에서 성서 봉독 시간에 추어졌다. 그런 후에는 참회의 예배에서, 그리고 여러 교회의 추수감사절 예배에서 추어졌다. 물론 예배 춤 공연의 한 부분으로서 추어지기도 했다. 이사야서 58장의 내용을 형상화한 이 춤은, 그 말씀을 내 가슴 속 깊이 심어 주었다. 성서의 말씀과 인간의 삶을 씨줄과 날줄로 엮어, 춤이라는 아름다운 천으로 짜내야 하는 예배춤 창작 과정은, 인간의 능력만으로는 불가능한 일이다. 내가 만들고 추었던 〈진정한 금식〉 춤과 또 다른 성서구절에 관한 춤에는 한 가지 신비한 사실이 담겨 있다. 나는 지금도 혼신의 힘을 다하지 않고서는, 그 구절을 읽을 수도 없고, 그 춤을 출 수도 없다는 것이다. 그 구절을 기도할 때면, 하나님의 말씀들이 그 자체의 화음인 것처럼 내 모든 뼈마디 하나하나가 솟아오른다.

## 벨댄스 The Bell Dances

벨댄스는 지금까지도 나에게 큰 기쁨을 선물해 주는 소중한 춤이다. 어느날, 한 제작자로부터 영국식 핸드벨에 맞는 춤을 만들어 달라고 부탁을 받은 나는, 핸드벨에 관해 아무 것도 모른 채 어느 회중교회의 핸드벨 연주단에 들어갔고, 거기서 6개월 동안을 핸드벨 연주단과 함께 지냈다. 그런데 내가 처음으로 핸드벨을 잡았을 때 나는 이미 핸드벨을 든 채로 춤을 추고 있었다. 연주단의 한 단원은 자신이 직접 만든 네 개의 핸드벨을 가지고 있었는데, 그는 내가 안무해야 하는 〈평화는 강 같이 흐른다〉 작업을 위해 네 개의 핸드벨을 빌려주며 나를 독려하였다. **현재 나만의 핸드벨을 소유하고 있는 나는, 그녀의 격려에 빚진 바 크다.** 그렇게 완성된 그 춤은 처음에, 한 핸드벨 축제에서 선을 보였고, 그 후로 교회 예배의 성찬식 후 묵상 시간에 여러 번 연주되었다.

내가 창작한 두 번째 춤은 세 가지의 변주곡과 함께 한 〈알렐루야〉였다. 이 춤을 창작하는 데는 수 개월이 걸렸는데, 창작 과정 내내 매우 고통스러웠다. 한 사람이 춤을 출 때에 네 개의 핸드벨을 이용하는 것은, 라디오나 텔레비전을 켜는 것처럼 쉬운 일이 아니다. 왜냐하면 종 하나가 울릴 때마다 몸 동작 하나가 따라가야 하며, 동시에 벨 소리와 몸 동작의 순서를 정하는 것 역시 쉽지 않기 때문이다. E와 F#이 한 번에 울리게 하고, G#과 A는 그 다음에 울리게 해야 할까? 아니면 E와 A, G#과 F#의 순서로 울려야 할까? F#과 A, E와 G#이 짝을 이루어야 할까? 그 모든 가능성을 끊임없이 시도해 보아야 했다. 결국 하나의 조합이 결정되었고 안무가 본격적으로 시작되었다. 처음에는 잘 진행되었으나 곧 핸드벨과 조화를 이루는 대목에서 문제가 생겼다. 하는 수 없어 핸드벨을 적용한 안무는 몇 주간 뒤로 미루고 다른 부분의 창작 작업을 먼저 시도하면서 안무 작업을 계속했다. 이렇듯 〈알렐루야 벨댄스Alleluia bell dance〉는 춤이 완성되기 전까지 이런저런 문제에 봉착했고 마지막 점검 또한 쉽지 않았다. 그러나 마침내 완성된 춤은 믿을 수 없을 만큼 깔끔하고 단순했다. 이후, 〈알렐루야 벨댄스〉는 예배의 입례 순서나 성찬 후의 묵상순서에서 가장 많이 추어지고 있다.


## 다니엘서 3장Daniel 3

〈다니엘서 3장the New American Bible 57-90〉은, 〈진정한 금식〉과 마찬가지로 나 자신이 성서구절을 낭독하면서 자연스럽게 추는 춤으로 시작된다. 때로 〈다니엘서 3장〉은 춤으로 드리는 예배에서 성서 봉독자의 낭독과 함께 추어지기도 했다. 그런데 봉독자들마다 성서를 읽는 속도와 흐름이 다르기 때문에, 나는 이 춤을 창작하면서 어떻게 하면 봉독자의 목소리와 무용가의 움직임이 조화를 이룰 수 있을지에 초점을 맞추며 작업했다. 이 춤의 기본적인 구조는 언제나 똑같지만, 이 춤이 공연될 때 필요한 에너지와 시간은 그 때마다 달라지며, 따라서 새로운 봉독자를 만날 때마다 재창조된다고 말할 수 있다. 춤은 일정한 공간을 필요로 한다. 그러나 춤을 추게 될 공간은 이미 정해져 있다. 따라서 춤 예술가는 그 춤을 추어야 할 공간, 곧 교회의 강단이나 통로에 맞도록 안무를 짜야 한다. 〈다니엘서 3장〉은, 성서봉독 순서나 기도 순서에 적합한 춤이다. 나는 이 춤을 내 영적 지도자와의 대화를 통해 완성하였다. 내가 깊은 우울증에 빠져 있을 때, 그는 나에게 하이킹을 떠나라고 조언했다. 그리고 그 길을 따라 나타나는 아름다움을 보며, 그 모든 아름다움에 대해 하나님께 감사하라고 권면했다. 그는, 감사가 새 힘을 얻게 하고 나의 영혼을 고양시켜 줄 것이라고 예견하였다. 그는 옳았다. 바위와 꽃들 그리고 산들바람은 하나님의 창조 세계 안에 살아있었다. 그 하이킹에서 돌아온 나는, 찬송 가운데 다니엘서의 말씀을 마주했고, 마침내 그 말씀을 가지고 춤을 만나게 되었던 것이다.

## 마리아의 춤 The Mary Dances

나는 앞에서, 내가 만드는 모든 춤은, 내가 인식하든 인식하지 못하든 나에게 매우 중요한 어떤 것과 연관되어 있다는 사실을 말한 적이 있다. 15년 전 가톨릭으로 개종한 나는, 그러나 마리아에 대한 가톨릭 교회의 관심이 못내 불편하게 느껴졌다. 이러한 불편함을 해소하기 위해 나는, 마리아에 대한 관심을 이해하려고 수년 동안 노력했지만 나의 불편함은 계속 되었다. 그런 채로 나는 마리아에 관한 춤을 추기 시작하였고, 주님께서는 춤을 통하여 나를 가르치기 시작하셨다. 갈대 피리**The Reed**에 맞춰 춤을 추었는데**다른 반주 없이 대나무 피리 소리에 맞춰**, 이 춤을 위하여 나는 직접 캐릴 하우스랜더**Caryll Houselander**의 시를 직접 낭송하며 녹음했다. 나는, 마리아가 자기 자신을 온전히 비우고 기꺼이 순종하였기에 마침내 주님의 은혜로 가득 채워졌음을 배우게 되었다. 또한 나는, 나의 친구 크리스 요가**Chris Yirka**가 작곡하고 연주한 〈마리아의 찬가**the Magnificat, 눅1:46-55**〉에 맞추어서도 이 춤을 추었는데, 이 춤을 통해서 나는 마리아의 기쁨과 강인함에 대해 배울 수 있었다. 그리고 존 마이클 탈보트**John Michael Talbot**의 음악에 맞추어 〈그 신부**The Bride**〉 라는 제목의 춤을 추면서, 나는 마리아가 지녔던 침묵의 영성과 찬양의 영성도 배우게 되었다. 주님의 방법은 참으로 측량할 수 없고 오묘하다. 이제 나는, 마리아와 관련된 다양한 주제를 가지고 새로운 춤을 만들고 있다. 마리아의 춤은 주로, 대림절 기간 동안 복음서 봉독 이전이나 설교의 중간 부분에서 추어지곤 한다.

오소서, 오소서, 임마누엘이여Veni, Veni Emmanuel

이 춤은 촛불을 켜고 추는 간단한 춤으로, 라틴어나 영어로, "오소서, 오소서, 임마누엘이여"라는 가사를 아카펠라나 단음성가로 부르는 동안 추어진다. 이 음악의 연주자는 주로 내가 춤으로 참여하는 공동체에서 구하는데, 따라서 새로 만나게 되는 연주자의 연주를 따라 매번 춤이 조금씩 바뀌기도 한다. 〈오소서, 오소서, 임마누엘이여〉라는 제목의 춤은 다양하게 활용될 수 있다. 우선 예배의 입례 순서에서 강단을 향하는 통로를 따라 춤을 출 수 있다. 이 춤은 예배실의 끝 가장자리로부터 시작될 수도 있고, 입례가 끝난 후 모두가 자신들의 자리에 도착한 후 강단에서 시작될 수도 있다. 또한 예배 전 모임이나 오늘의 기도와 성서봉독 사이의 묵상 순서에서도 추어질 수 있다. 만일 대림절 예배에서 복음서 봉독 후에 이 춤을 추게 된다면, 예배무용가는 대림절 초에 불을 붙임으로써 이 춤을 마무리할 수 있을 것이다. 만일 복음서 봉독 전에 이 춤을 추게 된다면, 예배무용가는 춤을 춘 다음 강대상 앞에 멈추어 서서 초를 들고 복음서 본문을 낭독하는 동안 내내 움직임없이 서 있어야 할 것이다.

신디의 춤Cindy's Dance

　나는 지금까지 창작 춤에 대하여 강의하면서, 언제나 그 날의 수업 내용을 그날의 예배나 해당 절기의 예배와 관련 시키려고 애를 써왔다. 어느 해 고난주간에 나는 어린이를 위한 춤을 만들었는데, 당시 나는 가룟 유다로 분하였다. 한 아이는 예수님으로, 다른 아이들은 작은 무리를 이루어 똑같이 움직이며 애도하는 사람들로 분하여, 마침내 예수님이 돌아가시기까지의 내용을 춤으로 표현했다. 그것은 간단한 춤이었지만, 예수님 배역을 맡은 어린이는 오랜 시간 손을 번쩍 들고 있어야 했다. 예수님 역할은 일곱 살짜리 신디가 맡았다. 그런데 신디의 어머니가 나에게 전화를 걸어, 신디가 집에서 손을 드는 연습을 하였는데 무척 팔을 아파한다고 말하는 것이었다. 나는 신디에게 팔을 들어올리는 연습을 꼭 해야 하는 것은 아니며, 팔이 너무 아프면 다른 아이에게 예수님 역할을 맡길 수도 있다고 이야기했다. 그러나 신디는 예수님 역할을 하고 싶어 했다. 또한 신디는, 내 팔이 안픈 것은 예수님의 팔이 아프셨기 때문에 당연한 것이라고 말했다. 드디어 우리는 학교에서 그 춤을 선보였다. 춤의 내용은 잘 전달되었으며, 우리는 교구로부터 성 금요예배에서 '십자가 경배Veneration of the Cross'순서 앞에서 그 춤을 추어 달라는 부탁을 받았다. 예배가 끝날 무렵, 나는 떠날 준비를 하다가 강단 앞에 달려있는 커다란 십자가에 눈길이 멈췄고 다음 순간 깜짝 놀랐다. 신디가 무릎을 꿇고 바닥에 앉아, 예수님의 팔을 감싸 안고 예수님을 위로하고 있었던 것이다. 그로부터 7년 후, 로만12**Romans XII**의 단원들이 똑같은 춤을 성 금요예배에서 다시 추게 되었다. 그들의 춤도 물론 훌륭했다. 하지만 나는, 7년 전 그날 밤 신디가 추었던 그 춤을 잊을 수가 없었다. 신디의 춤은 나를 비롯해서 그날 함께 했던 모든 이들의 가슴속에 언제까지나 진한 감동으로 남아 있을 것이다.

그 춤은 온전히 새로운 창의적인 춤일까 아니면 기존의 예전적인 춤을 조금 번안한 것일까? 나는 둘 다라고 말하고 싶다. 모든 것은 깊은 내면의 창조적인 요소를 통해, 내가 사랑하는 예배와 그것의 필요성이 엮어져 만들어지는 것이다.

예배 안에서 춤을 추는 나는 누구인가? 춤으로 드리는 예배를 안무하고 발전시키고자 하는 나는 누구인가? 나는 아무것도 아니다. 이것이 핵심이다. 몸의 움직임은 하나님께서 주신 선물이다. 그것은 모두 하나님의 은사인 것이다.

# 18장
# 어린이와 같지 않으면…
## Unless You Become…

몸짓과 자세, 그리고 행동의 발달은 전인적인 활동으로서,
어린이와 함께 드리는 예배를 위해 매우 중요한 요소이다.
이는 예배의 본질이라는 관점에서도 그렇고 어린이들의 심
리적 관점에서도 그러하다.

「어린이예배를 위한 지침 33항」

적극적이고도 의식적인 참여 원칙은, 어쩌면 어린이들과 함
께 드리는 예배에 보다 타당하다. 어린이들이 예배에 적극적
으로, 그리고 의식적으로 참여할 수 있도록 더 많은 노력이
이루어져야 한다.

「어린이예배를 위한 지침 22항」

목회자나 성직자의 행동 양식뿐만 아니라 어린이들 자신이
공동체 안에서 스스로 행동하는 방식에 의해 많은 것이 결

정된다.



2년 전, 나는 우리 교구의 교회교육 관련 세미나에서 '작은 이들을 위한 예배Liturgies for Little Ones'라는 이름의 워크숍을 인도해 달라는 부탁을 받았다. 나는 다음 두 가지로 '작은 이들'을 정의 내리는 작업에서부터 시작하였다. 하나는 세미나 안내 책자에도 기록되어 있듯이 4세에서 12세까지의 아이들을 '작은 이들'이라고 규정하는 협의의 정의였고, 다른 하나는 모든 그리스도인들을 '작은 이들'이라고 부르는 광의의 정의였다. 이렇게 한 것은, 교구의 정책이나 요구를 무시하려는 의도가 아니었다. 워크숍 시작부터 나는 '작은 이들을 위한 예배'가, 성인 교인들은 구경만 하고 어린이들만 참여하는 예배라는 고정관념을 갖지 않도록 안내하고 싶었기 때문이다.

'작은 이들을 위한 예배'는, 어린이들을 사랑하는 어른들이 주일마다 예배 공동체에 어린이들을 초청하여, 어른과 어린이가 드리는 예배이다.[1] 어린이들을 위한 예배를 계획하는 어른들이 위의 사항을 잊게 될 때, 그 예배는 어린이다운 순수함Childlike을 유지하지 못하고 오히려 유치Childish한 예배로 전락해 버릴 가능성이 높다. 어린이예배가 빠지게 되는 가장 큰 위험은, 어린이들이 '어린아이의 일을 버리고자**고전13:11**' 하는 시기 곧, 성인이 되었을 때 모든 주일예배를 멀리하게 만들 수도 있다는 점이다.

몸짓, 자세, 행동은 어린이들의 심리 발달 면에서도 중요하지만 예배의 본질이라는 관점에서도 매우 중요한 요소들이다. 만약 이 점을 정확하게 이해하지 못하고, 몸의 움직임을 어린이들에게만 중요한 무엇으로 오해한다면 우리는 어린이예배를 준비하면서 재미있는 놀이 중심의 예전적 움직임만을 고집하게 될 것이다. 이는 온전한 예배를 방해하는 위험한 요소이다. 교회에서 어른들이 어린이들과 더불어 노래를 부르며 나비처럼 날개 짓하고 물고기처럼 수영하는 몸짓은, 젊은이나 노인들이 일반적으로 사용하는 교회의 전통 언어로 대체되거나, 그보다 우선순위를 차지하지 않는 한 전혀 이상한 것이 아니다. 이것은 고리타분한 어른의 의견이 아니라, 내가 수년 간 교사나 교구의 예배인도자로 사역했던 곳의 어린이들의 의견이다. 내가 어린이들로부터 듣는 가장 빈번한 요구는, 어른들이 취하는 동작과 움직임의 의미를 배우고 싶다는 것이었다. 어린이들은 배우기를 원했고, 보다 큰 공동체에 흡수되기를 원했으며, 어른들과 함께 예배춤에 참여하기를 원했다.

어린이들과 함께 춤으로 드리는 예배를 준비해 달라는 부탁을 받고 나는, '그리스도 안의 한 몸One Body in Christ제12장에서 언급했던, 가장 기본적인 동작들을 배우는 것으로 워크숍을 시작하였다. 워크숍에 참석한 어린이들은, 자신의 몸 안에서 우러나오는 행동의 자연스러움과, 자신들의 감정을 표현하는 몸 동작의 힘을 느끼면서, 성호 긋기, 무릎 꿇기, 절하기, 입례 성가, 예물봉헌, 그리고 성찬행렬과 분병례 등을 통해 예배춤을 받아들일 준비가 되어 갔다. 또한 어린이들은 성직자와 함께 성찬 기도에 춤으로 참여할 준비가 되어 있었으며, 평화의 인사를 나누면서 서로에게 손을 내밀어 마음을 열 준비가 되어 있음을 스스로 표현하였다. 또한 어린이들은 심지어 빠르지 않은 박자의 성가에도 박수를 치며 노래를 불렀고, 노래를 부르는 동안 내면의 감정을 몸의 움직임을 통해 표현하는 일에 조금도 주저하지 않았다. 동시에 어린이들은 예배 순서 중 고요한 정적의 시간조차 기꺼이 받아들일 준비가 되어 있었다.

내가 함께 일했던 많은 어른들은, 어린이들이 예배 순서 중 고요한 시간을 잘 수용한다는 나의 말을 잘 믿으려고 하지 않지만, 그러나 나의 이 말은 나의 경험에서 비롯된 것이다. 교회학교에서 창작춤을 가르치는 동안, 나는 매 시간마다 고요한 침묵의 시간을 갖도록 이끌었다. 그러던 어느 날 갑작스럽게 장례식에서 오르간을 연주할 일이 생겨서, 수업을 위한 준비를 다 하지 못한 채 지각을 한 적이 있었다. 나는 어린이들에게, 잠시 수업을 준비할 수 있도록 시간을 달라고 부탁하였다. 그런데 다음 순간, "선생님, 수업준비는 하지 마세요. 우리가 가르치도록 해주세요." 네 살에서 아홉 살까지의 어린이들이 이렇게 말하는 것이었다. 그리하여 모든 어린이들이 3분 동안씩 돌아가며 가르치도록 했는데, 그들은 자신들에게 좋았던 경험을 중심으로 각자가 다른 내용을 가르쳤다. 그리고 다음과 같은 말로 그 시간을 마치는 것이었다. "등을 곧게 하세요… 눈을 감으세요… 숨을 쉬고… 편하게 하세요… 정숙하세요…." 나는 무척 놀랐으며 이전에 한 번도 경험해 보지 못한 가장 편안한 수업을 즐겼다.

공간이 허락되는 경우 나는, 어린이들과 함께 하는 예배의 시작이나 끝에서 간단한 포크댄스를 가르치고 또 추었다.

교단을 떠난 후 수년 동안 예배인도자로서 교구에 속해 있으면서 나는, '젊은 그리스도인을 위한 창조적 움직임 **Creative Movement for Young Christians'**이라고 불리는 방과 후

교실을 지도하였다. 그 수업 시간에 때때로 예배를 위한 춤을 준비해야 했다. 어느 크리스마스 이브에 어린이들은, 아기 예수를 품고 교회당 중앙통로를 지나서 제단을 둥그렇게 돌며 마침내 아기 예수를 구유에 눕혀 드리는 입례 춤을 추었다. 그런데 내가 학교에서 가르치는 동안 춤 수업에도 참석하지 않았고, 예배 리허설에도 참여하지 않았던 한 작은 어린이도 그 입례 춤에 동참하게 되었다. 입례 행렬에 합류하여 함께 춤을 추고 있는 아이를 보고 놀란 이는 그 아이의 엄마였다. "걱정하지 마세요, 엄마, 난 그냥 느낌대로 춤을 추고 있어요"라고 어린이는 말했다.

어린이들은 때로, 우리 어른들이 춤을 이해하고 받아들이는 것보다 훨씬 더 능동적으로 그리고 깊이 있게 춤을 잘 받아들인다. 따라서 우리가 어린이들을 어느 수준까지는 가르칠 수 있지만, 우리는 또한 어린이들이 우리들을 가르치도록 허락해야 한다. 나는 어린이들로부터, 십자가 성호를 그릴 때 좀 더 경이롭게 바라보아야 한다는 것, 무릎을 꿇을 때 좀 더 조심스럽게 행동해야 한다는 것, 또한 기도할 때에 회중의 느낌을 따라야 한다는 것 그리고 예배에 전적으로 몰입해야 한다는 것 등을 배웠다. 어린이들과 함께 일하는데 따르는 도전은 두 가지다. 먼저 어린이들을 위해 순

수해지는 것과 동시에 우리 자신들을 위해 순수해 지는 것
이다. 그런 후에야 예배에 참여한 모든 사람들이 하나님의
자녀로서 주님의 식탁에 가까이 나아 갈 수 있을 것이다.

# 19장
# 한 번에 하나의 싸움만을
## One Battle at a Time

예배 집례자가 예전복을 입는 것은 심미적 관점에서 예배에
도움이 될 뿐만 아니라 예배의 의미를 잘 표현해 주는 적절
한 상징이기도 하다.

『가톨릭 예배에서의 환경과 예술 93항』

내가 예배무용가라는 사실을 알게 된 사람들이 처음으로
물어오는 질문이 이것이다. '당신은 어떤 옷을 입습니까?'
이런 질문을 받을 때면 나 역시 되묻고 싶은 것이 있다. "그
것이 나에게 던지는 첫 번째 질문입니까? 왜 내가 춤을 추
는지 또는 예배의 전통 속에서 움직임은 어떠했는지에 대해
서는 궁금하지 않습니까?"

나는 예배춤을 위해 입는 예전복에 대한 질문은 반드시 자주 그리고 빨리 답변 하는 것이 중요하다는 사실을 알고 있다. 이러한 질문은 예배에 춤을 도입하는 것 자체를 두려워하는 마음을 반영하는 것이다. 따라서 예전복에 대한 대답은, 예배에 춤을 도입하는 것 자체를 두려워하던 사람들로 하여금 예배춤을 수용하는 방향으로 나아가게 할 수도 있고, 반대로 그들로 하여금 예배춤 자체를 비난하게 만들 수도 있을 것이다.

나는, 춤을 추기 위해 옷을 입는 것은 춤 그 자체에 비하여 이차적인 문제라고 생각하기 때문에, 바닥에 발이 걸리지 않는 범위 내에서 회중이 춤을 받아들임에 있어 도움이 되는 방식으로 예전복을 갖추어 입는다. 이렇게 하는 이유는, 예배무용가란 예배 중에 일어나는 예전적 움직임에 책임을 져야 하는 지도적 위치에 있기 때문이며, 동시에 예배춤 자체가 예배 행위인 동시에 예배에 도움이 되는 심미적 예술이어야 한다는 믿음 때문이다. 나는, 예배춤을 위해 사용되는 의복은 예전복이어야 하며, 나아가 회중의 적절한 주목을 받을 수 있는 것이어야 한다고 생각한다. 예배에서 춤예술가의 역할은 춤으로 예배를 이끄는 것이다. 따라서 예배춤에 사용되는 예전복은 회중이 예배에 집중하는 데 도움이 되는 것이어야 하고, 춤을 추는 예배무용가에게는 과도한 관심이 생기지 않는 것이어야 한다.

예배춤의 예전복으로 어떤 옷을 입어야 하고 또 어떤 옷은 입지 말아야 하는지에 대하여 세세한 규칙을 만드는 일은 불가능하다. 하지만 다음의 몇 가지 원칙을 이야기하는 것은 가능하다. 예배춤은, 인간의 몸이 아닌 주님의 몸된 교회를 위한 봉사라는 사실을 기억해야 한다. 이러한 원칙 하에 예전복에 대한 공동체의 의견을 수렴할 필요가 있다. 특히 예배무용가들은 주님의 몸 된 교회의 요청과 우려에 모두 귀 기울여 들을 필요가 있으며 나아가 주님의 몸 된 교회의 권위에 복종하여야 한다. 이전에 예배춤을 경험하지 못했던 교구에서 춤을 가르칠 때, 나는 긴 소매가 달린 긴 드레스를 자주 입었다. 고상한 척 하려 했던 것은 아니다. 그보다는 예배에 참여한 사람들이 나의 예전복에 대하여 거부감을 갖지 않도록 하며, 나아가 예배춤을 긍정적으로 바라보고 생각할 수 있도록 돕기 위하여 그렇게 한 것이다. 한 사람은 한 번에 단지 하나의 싸움만을 할 수 있기 때문이다.

대부분의 경우 나는 맨발로 춤을 춘다. 내가 춤을 추는 '거룩한 땅holy ground'에서 나는 모세가 그리했던 것처럼 나의 신을 벗는다. 그렇게 하는 다른 작은 이유 하나는, 교회마다 마룻바닥의 표면이 매우 다양하여, 신발을 신고 마룻바닥의 느낌을 차단당한 채 춤을 추는 것보다 맨발로 춤을 추는 것이 훨씬 안전하기 때문이다. 하지만 신발을 신고 춤을 추라는 요구도 종종 듣는다. 그럴 때마다 나는 신발을 신어달라는 요구를 존중한다. 한번은 예배가 막 시작하려는데, 주임사제가 나의 맨발을 보고 다소 당황하고 있다는 생각이 들었다. 나는 사제에게 다가가, 내가 신발을 신고 춤을 추는 것이 예배에 더 도움이 되고 회중도 편하게 받아들일 것인지에 대하여 물었다. 사제는 그럴 것이라고 확실하게 말하였다. 나는 달려가서 그 때 유일하게 가지고 있던 무거운 가죽 샌들 한 켤레를 꺼내 신었다. 신고보니 내가 입고 있던 예전복과 매우 잘 어울려 보였다. 하나님의 은혜였다. 예배 후에, 사제는 나의 경건한 춤으로 인해 기뻤노라고 이야기했다. 아마도 내가 급하게라도 신발을 꺼내 신고 춤을 추었던 점이 도움이 되었을 것이다. 그러나 나의 모든 예전복이 무거운 가죽 샌들과 잘 어울려 보이는 것은 아니다. 그 이후로 나는 여행을 할 때마다 춤추기에 적합한 가벼운 신발을 몇 켤레씩 가지고 다닌다.

오늘의 예배무용가는, 내일의 예배무용가들을 위한 길을 닦는 사람들이다. 따라서 내가 좋아하는 예전복이 때로 회중에게 걸림돌이 될 수도 있다는 점을 늘 점검해야 한다. 오늘의 예배무용가 자신을 위해서도 그리해야 하지만 특별히 내일의 예배무용가들을 위해서도 그렇게 해야 한다. 오늘의 예배무용가는 내일의 예배무용가들에게 신앙적 춤 예술의 길을 계속 밝혀줄 사명이 있기 때문이다. 특히 이 시대의 교회를 위해 봉사하는 춤 예술가들은, 자신들이 단순한 예술가로 불리는 것이 아니라 목회자이며 교육자로도 불린다는 사실을 깨달아야 한다. 최근 어느 예배에서 한 무용가가 몸에 꼭 달라붙는 바지와 어깨가 드러나는 예전복을 입고 예배시간에 춤을 춘 적이 있다. 그러나 이 예전복은, 내 생각에 적절한 것이 아니었다. 그러나 그 무용가를 변호하는 나의 친구는 이렇게 말했다. "그 사람은 단순히 무용가이지 너와 같은 십자군은 아니야." 나는 어느 누구도 '단순한 무용가just a dancer'가 되고자 노력한다고 생각하지 않는다. 더욱이 나는, 모든 예배무용가들이 예술가로, 성직자로, 교육자로, 나아가 교회예배를 위한 겸손한 종으로, 그리고 십자군으로 불린다는 사실을 알고 있다. 그러나 나의 경우 겸손한 종이 된다는 사실이, 예배춤에 걸맞는 옷을 입을 나의 예술적 자유와 타협하는 것처럼 느껴지 지는 않았다. 오히려 내가 예술가요 성직자요 교육자요 겸손한 종으로 불린다

는 사실이, 나로 하여금 교회 안에서 예술적 자유함을 느끼
도록 도와 주었다.

〈진정한 금식〉 춤은 굵은 동아줄 허리띠로 장식된 긴 갈색
드레스를 입고 추었고, 〈벨댄스〉는 많이 부풀려진 스커트
가 달린 긴 드레스를 입고 추었다. 여러 다른 공간에서 서로
다른 느낌으로 추었던 〈다니엘서 3장〉 춤은 아래가 밝게 빛
나는 블라우스와 몸에 딱 붙는 타이즈 그리고 발목이 모아
지는 민소매의 상하의가 붙은 예전복을 입고 춤추었다. 〈마
리아의 춤〉을 위해서는 매우 다양한 예전복을 입었는데, 주
로 소박한 스커트나 블라우스 혹은 긴 드레스를 입었다.

여기서 중요한 한 가지는, 먼저 예배춤을 안무한 후에 예
배춤에 적절한 예전복을 만들거나 결정하는 쪽이 수월하다
는 것이다. 예배춤을 위한 예전복은 비싸지 않아도 충분히
아름다울 수 있다. 나의 예전복 중 다수가 헌 옷 가게에서
구입한 것이고, 그 중에는 예배춤을 위해 다시 개조한 것들
도 있다. 그 외에 다른 예전복들은, 나와 내 친구들이 직접
만든 것이다.

# 20장

# 한 무용가의 비전
## One Dancer's Vision

**20여 년 전,** 하나님의 사람들은 '행동이나 몸짓 그리고 몸가짐을 통해'[1] 온전하며 능동적으로 예배에 참여할 것을 요구받았다. 그 이후로, 로마와 미국의 주교들이 작성한 문서는 예배에서 전인성에 대해 인식할 것을 주장하였다.[2] "설득력 있는 전통은 전인적 인간에 대해 주목하도록 한다." 몸짓이나 움직임과 같은 것에 대한 주목은 "현대 예배 갱신의 긴급한 필요성 가운데 하나이다."[3]

미국인 주교들이 작성한 한 문서는, 예배공동체를 연합시키기도 하고 분열시킬 수도 있는 집례자의 움직임이 갖는 힘을 지적한 바 있다.[4] 이 문서는, 예배 때에 보편적 움직임을 통해 일상적이지 않은 민감함으로 기도할 것을 회중에게 요구하였다.[5] 또한 이것은 전체적으로 예배 행위에 유익을 끼치는 방식으로, 정말로 유능한 사람들에 의해 수행되는 예전적 움직임의 예술에 대한 실험적인 시도이다.[6]

예배와 관련한 문헌들이 선언한 비전들을 실현하기 위해서는 중대한 교육적인 노력이 요구된다. 미래의 교회 지도자들은, 구술 언어로 말하는 방법만이 아니라, 명료하고 아름답고 설득력 있는 몸의 행동으로 말하는 비구술 언어도 배워야 한다.[7] 또한 미래의 교회 지도자들은, 회중이 예배에 더욱 적극적으로 참여할 수 있도록 가르치고 안내하는 방법을 배워야 한다.[8] 하나님의 사람들은, 자신들이 예배에서 외적으로 행하는 것이 내적인 감동의 표현이며, 자신들의 기도**그리고 기도 중에 그들이 기꺼이 받아들이는 침묵**를 표현하기 위해 행하는 움직임 자체가, 말이나 침묵보다 오히려 신령과 진정의 예배로 드려질 수 있다는 것을 배워야 한다.

예전적 예술과 관련하여 예술가의 전문성과 능력을 존중하는 배려가 증진되어야 한다. 동시에 그 예술이 예배에서 가장 적절하게 사용될 수 있도록 최선의 노력을 기울여야 한다.[9]

예배를 섬기고자 하는 춤 예술가들과 그들의 춤에 대한 예
술적, 신학적, 예배학적 그리고 목회적 교육과 훈련은 반
드시 지원되어야 하며, 예배무용가 자신들은 그렇게 지원
된 교육 기회를 반드시 선용해야 한다. 점진적으로, 신학교
나 교구 사무실을 통해서 필요한 교육 과정들이 단기 또는
장기학습 과정으로 제공되기를 기대한다. 미국 주교위원회
예배분과가 지원하는 '그리스도인들을 위한 거룩하고 예
전적인 움직임 센터A center for christian sacread and liturgical
movement'는, 목회자나 성직자, 예배춤 전문가, 예술가, 신
학생들, 교사 그리고 모든 가정을 대상으로 하나님의 사람
들이 온몸과 온마음으로 예배드릴 수 있도록 돕는 교육과정
을 제공하고 있다.

이 책을 마무리하면서 드는 생각은, 우리가 복잡하고 비판
적인 세대를 살아가고 있다는 것이다. 따라서 사람들은 아
름다운 예배춤과 하나님의 회중이 몸으로 드리는 기도, 은
혜로 충만한 무용가의 예술성 등에 대하여 근본적인 의문을
제기할 수도 있다. 춤으로 누가 먹을 것을 얻었는가? 춤으
로 어떤 전쟁들을 막았는가? 아름답고 온전하다는 춤을 춤
으로써 어떤 정치적 경제적 부정과 불의가 제거되었으며,
어떤 오해와 상처가 치유되었는가?

이런 질문에 대해, 내가 오랫동안 잊고 있었던 유대 설화 하나를 소개함으로 답을 대신하고자 한다.

한 랍비가 멀리서 어떤 도시를 방문하기 위해 오고 있었다. 그 도시의 시민들은 그 랍비를 만나기 위해 모여들었다. 그들은 자신들이 서로 동의하지 않는 여러 가지 철학적 문제들을 랍비가 해결해 줄 것을 기대하며, 랍비가 도착하면 어떤 질문부터 할 것인지를 놓고 논쟁을 벌이고 있었다. 드디어 랍비가 도착했다. 그런데 이 도시 사람들의 분쟁을 알고 있던 랍비는, 저들의 질문에 대답하는 대신, 어떤 소리를 웅얼거리기 시작하였다. 이내 모든 사람들이 랍비를 따라 웅얼거리기 시작하였다. 그러자 랍비는 자신의 곡조를 다라 노래하기 시작했고, 어느새 거기 모든 사람들이 그 노래를 따라 부르고 있었다. 마침내 랍비는 노래를 부르며 춤을 추기 시작하였다. 얼마 지나지 않아 도시 전체가 춤을 추고 있었다. 모두가 함께 춤을 추었다. 춤이 끝나자 랍비는 공손하게 목례를 하고는 시민들에게 이런 말을 했다.

나는 내가 여러분 모두의 질문에 답을 하였다고 믿습니다. 그 춤과 더불어 그 춤과 더불어…

## _ 주석

교회문헌 약어

CSL      *Constitution on the Sacred Liturgy,* 거룩한 예배에 관한 헌장
EACW  *Environment and Art in Catholic Worship,* 가톨릭 예배에서의
        환경과 예술
MCW    *Music in Catholic Worship,* 가톨릭 예배에서의 음악

## 1장

1. St. Ambrose, "On Repentance," 6:42, as cited by Margaret Fisk Taylor, *A Time to Dance* (Philadelphia: United Church Press 1967), p. 77.
2. *Constition on the Sacred Liturgy* (Washington, D.C.: United States Catholic Conference Publications Office, 1963), art. 14.
3. *Environment and Art in Catholic Worship* (Washington, D.C.: United States Catholic Conference Publications Officec, 1978), art. 56.
4. Ibid., art. 55.
5. Ibid., art. 59.
6. *CSL*, art. 10.
7. Evelyn Underhill, *Worship* (New York: Harper and Row, 1936), p.33.

## 2장

1. Thomas Pinkel, in Preface to *Actions, Gestures and Bodily Attitudes,* by Carolyn Deitering (Saratoga, Calif.: Resource Publications,1980).
2. A.K. Coomeraswamy, as cited by Joseph Campbell, *Myths to Live By* (New York: Bantam, 1972), p. 123.
3. Madeleine L' Engle, *Walking on Water: Reflections on Faith and Art* (New York: Bantam, 1982), p. 72.

4. Peter Brooks, "Learning on the Moment," *Parabola* 4, no. 2 (May 1979): 53.

## 3장

1. Romano Guardini, *Sacred Signs* (St. Louis: Pio Decimo Press, 1956), p. 14.
2. *EACW*, art. 5.
3. Ibid., art, 35.
4. *Music in Catholic Worship* (Washington, D.C.: Bishops' Committed on the Liturgy, 1972), art. 5.
5. "다른 감각들은 우리를 둘러싼 세계에서 일어나는 일들에 대해 우리에게 정보를 주는 반면에, 움직임의 감각은 우리자신 내부에서 일어나는 일들에 대한 정보를 우리에게 준다. 이것은 우리 몸의 여러 부분을 조정하는 역할을 하며, 우리 몸을 단일한 유기체로서 기능하게 해준다. " (Barbara Mettler, "The Art of Body Movement," *Ten Articles on Dance* [Tucson: Mettler Studios, 1973]).
6. Timothy Kallistos Ware, "The Transfiguration of the Body," in *Sacrament and Image*, ed. A.M. Allchin (London: Fellowship of St. Alban and St. Sergius, 1967), p. 23.
7. Gerardus van der Leeuw, *Sacred and Profane Beauty*: The Holy in Art (New York: Holt, Rinehart and Winston, 1963), p. 55.
8. *EACW*, art. 4.
9. Cited in Ware, p. 30.

## 4장

1. Curt Sachs, *World History of the Dance* (New York: W.W. Norton, 1937), p. 4.
2. Maria-Gabriele Wosien, *Sacred Dance: Encounter with the Gods* (New York: Avon Books, Art and Cosmos Series, 1974), p. 13.
3. *EACW*, art. 30.
4. Ibid., art. 59; see also art. 25.

## 5장

1. B.C 175년에서 200년 사이에 히브리어로 쓰여진 집회서는 A.D 1세기 이후 유대교 정경에는 포함되지 않았지만, 가톨릭에서는 정경으로 인정받고 있다.
2. E. Louis Backman, *Religious Dances in the Christian Church and in Popular Medicine* (New York: Greenwood Press, 1977), p. 10; originally published in 1952.
3. W.O.E. Oesterley, *The Sacred Dance* (Cambridge, England: At the University Press, 1923), p. 44f.; see also Constance Fisher, *Dancing the Old Testament* (Austin, Texas: The Sahring Company, 1980), p. 8.
4. W.O.E. Oesterley, "Early Hebrew Ritual Festivals," in *Myth and Ritual*, ed. S.H. Hooke (London: Oxford University Press, 1933), pp. 117-18.
5. Fisher, p. 18; see also Curt Sachs, *World History of Dance*, p. 93 (see chap. 4, n. 1, above).
6. Leon Wood, *The Prophets of Israel* (Grand Rapids: Baker Book House, 1979).
7. Gerardus van der Leeuw, *Sacred and Profane Beauty*, p. 29. (see chap. 3, n. 7 above).

## 6장

1. Tertullian, "On Prayer," chap. 16, *Fathers of the Church* (New York: Fathers of Church, Inc., 1959), vol. 40, p. 172.
2. *History of the Councils of the Church: From the Original Documents*, ed. Chas. Joseph Hefele, D.D. (Edinburgh: T. & T. Clark, 1895), p. 434.
3. 몇몇 번역가들은 '발끝을 세워 유지하다'는 표현을 사용한다. 하지만 백맨 Back man은 그러한 번역이 부정확하다고 말한다. "눈에 잘 띄지 않는 이 단어를 '발끝으로 일어선다'라고 표현하는 번역가들이 많다. 하지만 이는 부정확한 것으로 보인다. 왜냐하면 우리는 춤의 전문용어인 '발끝을 세운 채 움직인다'라는 표현을 만날 수 있기 때문이다. (*Religious Dances*, p. 22 [see chap. 5, n. 2, above]).

4. St. Augustine, "Commentary on the Lord's Sermon on the Mount," chap. 5, n.4, *Fathers of the Church* (New York: Fathers the Church, Inc., 1951), vol. 11, p. 125.

5. Tertullian, "Apology," chap. 30, *Fathers of the Church* (New York: Fathers of the Church, Inc., 1950), vol. 10, p. 87.

6. Tertullian, "On Prayer," chap. 23, p. 182.

7. Theodore Klauser, *A short history of the Western Church* (Oxford: Oxford University Press, 1965), pp. 114-15.

8. St. clement, "Letter to the Corinthians," *Fathers of the Church* (New York: Cima Publishing Company, 1947), vol. 1, p.32.

9. Tertullian, "On Prayer," chap. 14, p. 170.

10. Ibid., chap. 17, p.172.

11. Michael Moynahan, S.J., "Embodied Prayer in the Early church," *Modern Liturgy* 6, no. 5 (August 1979): 25.

12. Moynahan, *Embodied Prayer*, NCR Cassettes (Kansas City: NCR Publishing Company).

13. Ibid.

14. Romano Guardini, *Sacred Signs*, p. 30 (see chap. 3, n.1, above)

15. St. Augustine, "Sermons" 6:3, *Fathers of the Church*, vol. 11, p. 325.

16. Tertullian, "On Prayer," chap.18, p.173.

17. Hélène Lubienska de Lenval, *The whole Man at Worship* (London: Geoffrey Chapman, 1961), p. 60.

18. As cited by Margaret Fisk Taylor, *A Time to Dance*, p. 75 (see chap. 1, 1, above).

19. St. Ambrose, "Letters to Bishops," chap. 28, *Fathers of the Church* (New York: Fathers of the Church, Inc., 1954), vol. 26, p.145.

20. As cited by Backman, p. 20..

21. St. John Chrysostom, as cited by Backman, p. 32.

22. Backman, p. 32.

23. As cited by Backman, p. 31.

24. As cited by Taylor, p. 75.

25. As cited by Backman, p. 32.

26. Backman, p. 49.

27. As cited by Taylor, p.77.

28. St. Ambrose, as cited by Backman, p. 29.

29. St. Ambrose, "Letters Bishops," chap. 28, p. 145.

30. St. Gregory of Nyssa, "Ascetical Works: On the Christian Mode of Life," *Fathers of the Church* (Washington, D.C.: Catholic University Press, 1966), vol. 58, p. 154.

31. St. Basil, "Ascetical Works: An Ascetical Discourse," *Fathers of the Church* (New York: Fathers of the church, Inc., 1950), vol. 9, pp 207-15.

32. St. Augustine, City of God, Book XIV chap. 2, *Fathers of the Church* (New York: Fathers of the Church, Inc., 1952). vol. 14, pp. 348-50.

33. St. Augustine, "Faith and Works," chap. 27,*Fathers of the Church* (New York: Fathers of the Church, Inc., 1955), vol. 27, p.280.


## 7장

1. Dom Gregory Dix, *The Shape of the Liturgy* (London: Dacre Press, 1945), p. 15.

2. Ibid., p. 141.

3. D.M. Hope, "The Medieval Western Rites," in *The Study of the Liturgy*, ed. Cheslyn Jones, Geoffrey Wainwright, and Edward Yarnold (London: SPCK, 1978), p. 239.

4. Dix, p. 18.

5. As cited by Margaret Fisk Taylor, *A Time to Dance*, pp. 82-83 (see chap. 1, n. 1, above).

6. As cited by E. Louis Backman, *Religious Dances*, p. 48 (see chap. 5, n. 2, above).

7. Taylor, p. 83.

8. As cited by Backman, p. 78.

9. As cited by Backman, p. 81.

10. Taylor, p. 94.

11. Backman, p. 71.

12. Taylor, p. 92.

13. P.L. Travers, "Walking the Maze at Chartres," *Parabola* 8, no. 1 (January 1983)" 23.

14. Backman, pp. 66-73; see also TAylor, pp. 113-14.

15. Backman, p.121.

16. Ibid., p. 48.

17. Taylor, p. 103.

18. As cited by Taylor, pp. 89-90.

19. Backman, p. 155.

20. Ibid., p. 157.

21. Ibid., p. 59.

22. As cited by Taylor, p. 135.

23. Douglass Shand Tucci, "The High Mass as SAcred Dance," *Theology Today* 34, no. 1 (April 1977): 58.

24. Jacques Maritain, *Art and Scholasticism* (New York: Charles Scribner' s Sons, 1930), p. 56.

25. Curt Sachs, *World History of the Dance*, pp. 392-93 (see chap. 4, n. 1, above); see also Gerardus van der Leeuw, *Sacred and Profane Beauty*, p. 53 (see chap. 3, n. 7, above).

26. *Noticiae II* (1975), 202-5, as cited by the Bishops' Committee on the Liturgy Newsletter, vol. 18 (Washington, D.C.: National Conference of Catholic Bishops, April/May 1982): 14-16. Noticiae II는 '성스러운 예배와 성만찬을 위한 협의회' 의 비공식적인 회보였다. BCL Newsletter에 따르면, 움직임에 관한 이 성명서에서 협의회는 '적합하고 권위있게 서술' 하였고, 사안에 대한 모든 논점에 적절한 참고자료를 제시하였다. BCL Newsletter는 이 협의회의 에세이를 각 교구의 전례위원회와 예배담당자들이 학습하도록 추천하였다.

27. *CSL*, art. 124; also *EACW*, art. 20.

28. Sachs, p. 4.


# 8장

1. Josef Jungmann, *Commentaryon the Documents of Vatican II* (New York: Herder and Herder, 1966), vol. 1, p. 22.

2. *EACW*, art. 34.

3. *MCW*, art. 20.

4. *CSL*, art. 122.
5. Ibid., arts. 122, 124.
6. *MCW*, art. 7.

# 10장

1. Erik Routley, "Theology fo Church Musicians," *Theology Today* 34, no. 1 (April 1977): 26.
2. Mark Searle, "Liturgical Gestures," *Assembly* 6, no. 3 (December 1979): 80.

# 11장

1. Rev. J. O' Connell, *The Celebration of Mass* (Milwaukee: The Bruce Publishing COmpany, 1940), p. 401.
2. *General Instructions on the New Roman Missal*, art. 86.
3. Ralph Adams Cram, as quoted by Douglass Shand Tucci, "The Hight Mass as Sacred Dance," *Theology Today* 34, no. 1 (April 1977): 69.
4. Rev. Leon Cartmell, in a letter to the author.
5. *EACW*, art. 56.

# 12장

1. Prayer from an Armenian Liturgy, quoted by Michael Moynahan on *Embodied Prayer*, NCR Cassettes (see chap. 6, n. 12, above).
2. Romano Guardini, *Sacred Signs*, p. 14 (see chap. 3, n. 1, above).
3. *EACW*, art. 55.
4. Guardini, p. 20.
5. 나는 내 워크샵의 기초가 되는 움직임의 정의와 비전을 정립하는데 있어서 Tucson Creative Dance Center의 설립자이자 예술감독인 바바라 메틀러 Barbara Mettler 에게 많은 빚을 졌다.
6. Carolyn Deitering, "You Can Move!," *Rainbows, Dreams and Butterfly Wings* 1, no. 3 (January–February 1983): 25.
7. Dan Schutte, S.J., "Sing a New Song," published by North

American Liturygy Resources, 10802 North Twenty-third Avenue
   Phoenix AZ 85029, copyright 1972.
8. Jacques Berthier,"Benedicte Domino," published by GIA Publications
   , Inc., 7404 Mason Avenue, Chicago, IL 60538, copyright C 1978,
   1980, 1981, Les Preses de Taizé (France). International Copyright
   Secured, all rights reserved.
9. "Patristic Teaching," *Body of Christ* (Washignton, D.C.: Bishops'
   Committee on the Liturgy, 1977). pp. 11-13.

## 13장

1. As cited by Taylor, *A Time to Dance*, p. 151 (chap. 1, n. 1, above).

## 14장

1. 그러므로 형제들아 내가 하나님의 모든 자비하심으로 너희를 권하노니 너
   희 몸을 하나님이 기뻐하시는 거룩한 산 제물로 드리라 이는 너희가 드릴 영
   적 예배니라　너희는 이 세대를 본받지 말고 오직 마음을 새롭게 함으로 변
   화를 받아 하나님의 선하시고 기뻐하시고 온전하신 뜻이 무엇인지 분별하도
   록 하라(로마서 12:1-2).

## 15장

1. Alexander Gudonov, in interview on PBS television, 2 March 1983.
2. As cited in *MCW*, art. 27.
3. Madeleine L' Engle, *Walking on Water*, p. 23 (see chap. 2, n. 3,
   above).

## 17장

1. Madeleine L' Engle, *Walking on Water*, p. 18.

## 18장

* *Directory for Masses for Children,* art. 33.

1. *Directory for Masses with Children*, art. 21.
2. Ibid., art. 34.

## 20장

1. *CSL*, art. 30.
2. *DMC*, art. 33; *EACW*, art. 35.
3. *EACW*, arts. 35, 5.
4. Ibid., art. 56.
5. Ibid., art. 55.
6. Ibid., art. 59.
7. *CSL*, art. 17; EACW arts. 56, 34.
8. *CSL*, art. 19.
9. *EACW*, art. 26; see also CSL, arts. 122, 127

 잃어버린 춤